KB193743

샨티데바의 행복 수업

HAPPINESS LESSONS

김영로 옮김

불광출판사

HAPPINESS LESSONS
천년 이상 사랑 받아 온

샨티데바의 행복수업

김 영로 옮김

이 책은 천여년 전에 인도의 샨티데바(Shantideva)라는 수행자에 의해
보리수행(Bodhi-charyavatara)이라는 이름으로 처음 세상에 나온 이래 많은 사람들을
깨달음과 행복으로 인도해온 참으로 훌륭한 행복교과서입니다.

샨티데바(寂天)는 금강승을 수행하여
한 생애 동안에 최고의 행복, 부처님의 깨달음을 얻으신 분입니다.

적어도 제6장 '초월적 인내'와 제9장 '초월적 지혜'를 읽기 전엔 이 책을 평가하지 마십시오!

차례

샨티데바의 행복수업

머리말 ·· 4

제1장 보리심의 공덕 ································· 6

제2장 악업 정화 ··· 18

제3장 행보리심 일으키기 ··············· 38

제4장 보리심 일으키기 ···················· 50

제5장 지계와 정지 ······························· 64

샨티데바의 행복수업

제6장 인욕바라밀(초월적 인내)................94

제7장 정진바라밀(초월적 정진)................130

제8장 선정바라밀(초월적 선정)................152

제9장 지혜바라밀(초월적 지혜)................202

제10장 회향................246

"나모 라트나 트라야야"

삼보에 예경 드리오며
저를 이 길로 이끌어주신
모든 부처님, 보살님들과
선지식들께 절을 올립니다.

이 책을 번역하는 동안
저에게 축복의 빛을 내려주시고
제가 자는 동안에도 공부시켜 주시는
스승님들께 절을 올립니다.

명상(수행),
이것이
깨달음과 행복으로
가는 길입니다.

무시(無始)이래
직접·간접적으로
제가 지은 모든 악행을
참회하옵니다.

이제부턴 잠시라도 방심하지 않고
자나깨나 부처님의 가르침만 생각하며
어머니 중생들을 위해
깨달음의 길을 가겠나이다.

이 순간부터
이 책의 내용은 물론
모든 경험을 명상과
기도자료로 삼으세요.

중생들의 안내자이신
부처님, 보살님들이시여,
제가 깨달음을 얻을 때까지
저를 이끌어 주시옵소서.

그리고 이 책을 읽는 분들도 모두
일시적인 행복과
궁극적인 행복을
누리게 이끌어 주소서.

언제나 기도하고
명상하는 마음으로
살아가십시오.

제가 이 책을 펴내서 얻을 공덕을
모든 중생들의 행복과 깨달음을
위해 회향합니다.

"타야타 옴 무니 무니 마하무니예
샤카무니예 사바하!"

그리하면 멀지 않아
그대의 마음은
언제나 평화로움속에
머무를 것입니다.

아찰라(금강승 수행자, 속명 김영로)
2007. 01. 07

01

보리심의 공덕

보리심을 일으키는 순간
윤회의 감옥에 갇혀있는 불쌍한 분들도
부처님의 아들, 딸이 되어
인간과 신들에게 예경의 대상이 됩니다.

보리심(bodhicitta) '깨달음의 마음' –

모든 중생들을 윤회의 고통으로부터 해방시키기 위해

부처님의 깨달음을 얻으려는 염원(상대적 보리심)

– 모든 것이 공(空)하다는 것을 이해하는

완전히 깨어난 마음(궁극적 보리심)

팔길상 — 불교의 여덟 가지 길한 상징

1

부처님들과 보살님들, 그리고 모든
예경의 대상인 분들께 예경 드리오며
경전에 따라 보살님들의 수행법에 대해
간략하게 말씀드리겠습니다.

성스러운 부처님들의 말씀을
대하는 경건한 마음으로 읽어
나가시면 부처님들의 축복을
받으실 수 있답니다.

2

제가 여기서 말씀드리는 것은 새로운 것이 없고
제게는 글재주도 없으므로 제가 남들에게 도움을
줄 수 있으리라 생각하지 않습니다. 제가 이 글을
쓴 것은 저의 마음을 길들이기 위해서입니다.

수행은 깨달음으로
마음을 길들이는 것,
길들이는 가장 좋은
방법은 명상입니다.

3

제가 이 글을 씀으로써 잠시나마
저의 신심과 깨달음이 증가하고
저와 마찬가지로 운이 좋은 분들도
혜택을 얻길 바랍니다.

믿는 마음,
신심(信心)은
축복으로 이끄는
좋은 에너지!

4

인생을 의미 있게 만들 너무도 얻기 어려운
여가와 여건을 얻었는데
지금 이것을 이용하지 않으면
어떻게 다시 이런 기회를 얻을 수 있겠습니까?

"금생에 이 몸
건지지 못하면
어느 생에
다시 건지리?"

5

가끔 칠흑같이 어두운 밤에
번갯불이 번쩍 잠시 세상을 밝혀주듯
가끔 부처님의 위신력(威神力)을 통해 잠시
중생들의 마음속에 선(善)한 생각이 일어납니다.

불보살님들의 축복은
우리들의 마음을 긍정적으로,
행복한 상태로 바꿔주며
활력을 줍니다.

6

이렇듯 선(善)의 힘은 언제나 약하고
악(惡)의 힘은 강하고 무서우니
완전한 보리심이 아니고서
어떤 선이 악을 극복할 수 있을까요?

보리(bodhi) : 깨달음
아뇩다라삼먁삼보리 :
anuttara-samyak-sambodhi
위없는 완전한 깨달음

7

오랜 세월 동안 깊은 명상을 통해
부처님들께서 모두 보셨듯이
보리심은 무수한 중생들을 최고의
행복으로 이끄는 최선의 방법입니다.

최고의 행복 = 부처님의 안락

8

그러므로 자신의 고통을 극복하고
남들의 고통을 없애주고
많은 행복을 얻으려는 분들은
결코 보리심을 버리지 말아야 합니다.

인도의 위대한 학승 아티샤Atisha는
보리심에 관한 가르침을 받기 위해
13개월에 걸친 험난한 뱃길을 통해
인도네시아까지 갔다고 합니다.

9

윤회의 감옥에 갇혀 있는 불쌍한 분들도
보리심을 일으키는 순간
부처님의 아들, 딸(보살)이 되어
인간과 신들에게 예경의 대상이 됩니다.

부처님께 절하는 것보다 보리심을
일으키신 보살님께 절하는 것이 훨씬
더 낫답니다. 초승달에 절하면
초승달과 보름달은 물론 그 사이의
모든 달에게 절하는 것과 마찬가지
이기 때문입니다.

10

최고의 연금(鍊金)액이 천한 금속을 금으로
바꿔주듯, 보리심은 불순한 인간의 몸을
고귀한 부처님의 몸으로 바꿔주므로
우리들은 보리심을 붙잡아야 합니다.

수행의 목적은
천한 것은 귀한 것으로,
불순한 것은 순수한 것으로
바꾸는 것입니다.

11

중생들의 유일한 지도자들이신 부처님들께서
무한한 지혜로 그 귀중함을 파악하셨으니
윤회의 고통에서 벗어나고 싶은 분들은
보리심을 굳게 간직해야 합니다.

완전한 지혜를 못 깨달은
이들은 그들의 무지 때문에
우리들을 잘못된 길로,
불행으로 이끌 수 있습니다.

12

바나나가 열매를 맺고 나면 시들 듯
모든 다른 과보도 고갈되지만
보리심의 나무는 열매를 맺고 나도
시들지 않고 계속해서 열매를 맺습니다.

보리심을 갖고 한 번
절하면 보리심 없이
10만 번 절하는 것과 같은
공덕을 얻는다고 합니다.

13

큰 두려움이 있을 때 힘 있는 이들에게 의지하듯
보리심에 의지하면 무서운 악행을 저질렀을 때도
즉각 두려움에서 벗어날 수 있는데
어째서 사람들은 보리심에 의지하지 않을까요?

보리심에 의지하면
두려움이 없어집니다.

14

겁말(劫末)의 불이 순식간에 모든 것을 태우듯이
보리심은 큰 악을 완전히 소멸시켜 주니
자애로운 미륵 보살님께서 선재동자에게 말씀
하셨습니다, 보리심의 공덕은 한이 없다고.

미륵(Maitreya, '慈愛') : 석가모니
부처님 다음에 다섯 번째 부처님이
되실 분. 지금 도솔천에 계심.

15

간단히 말해서,
보리심에는 두 가지가 있으니
발원(發願)하는 원(願)보리심과
발원한 것을 실행하는 행(行)보리심입니다.

중생무변서원도(衆生無邊誓願度)
중생이 무수해도 맹세코
제도(濟度)하겠사옵니다.

16

어디를 가고 싶어 하는 것과
실제로 가는 것이 다르듯이
현명한 이들은 이 두 보리심의
차이를 압니다.

아티샤 스님이 보드가야에 있는
불탑 주위를 돌고있을 때
타라(Tara) 상과 샤카무니
붓다 상이 말씀하셨다, "위대한 요기여,
그대 빨리 깨달음을 얻길 바란다면,
보리심을 수행해야 한다."

17

원보리심도 윤회 속에서 헤매는
중생들에게 커다란 공덕을 주지만
그것은 행보리심과 같은
끝없는 공덕은 주지 않습니다.

행보리심의 공덕은 끝이 없음
보리심을 일으킬 때마다
무한한 공덕이 쌓인답니다.

18

누구든지 보리심을 갖고
무수한 중생들을 해탈시키는 일로부터
절대로 물러서지 않겠다고
다짐하면(즉, 보살계를 받으면)

원아불퇴보리심(我不退菩提心)
저는 보리심에서 물러 나지
않길 기원합니다.

19

그때부터 그가
잠들거나 마음이 딴 곳에 가있어도
허공처럼 많은 공덕이
끊임없이 흘러나옵니다.

공덕(merit) : 몸과 말, 마음의
긍정적인 태도에 의해 발생
된 좋은 에너지 또는 씨앗
= 선업(good karma)

20

이러한 공덕들은
여래께서 직접 수바후청문경에서
소승(小乘)으로 기우는 분들을 위해
설명하셨습니다.

여래(Tathagata) : 진여(眞如)/
진리로 오신/가신 분
= 부처님

21

남들의 두통을 덜어 주겠다는
생각만 해도
이것은 좋은 의도이기에
무량(無量)한 공덕을 얻는데

고통 받을 때의 기도 :
"모든 중생들이 제가 받는
이 고통에서 벗어나고
그 고통이 저에게서 익으소서!"

22

모든 중생들의 고통을 없애주고
그들을 모두 최고의 행복으로 인도하길
원한다면 어떻게 그 공덕을 말로 다
표현할 수 있겠습니까?

공덕은 행복의 씨앗

23

어떤 아버지나 어머니에게
이토록 큰 이타심(利他心)이 있을까요?
신인들 성인(聖人)인들 범천(梵天)인들
누가 이런 마음을 갖고 있을까요?

보리심은 최대의 이타심

24

그들은 과거에 자기 자신들의 이익을 위해
꿈에서조차 이런 마음을 일으킨
적이 없는데 어떻게 남들을 위해
이런 마음이 일어날까요?

보리심은 경이로움

25

남들은 자기 자신의 이익을 위한
마음조차 내지 못하는 세상에서
모든 중생들을 이롭게 하겠다는 이 마음
이야말로 유례없는 경이로운 마음입니다.

보리심은 보배로운 마음

26

모든 중생들의 행복의 원천이요
모든 중생들의 불행의 치료제인
이 보배로운 마음의 공덕을
어떻게 측량할 수 있겠습니까?

보리심은 행복의 원천
보리심은 불행의 치료제

27

남들에게 도움을 주겠다는 생각만 해도 부처님들께
공양을 올리는 것보다 더 많은 공덕을 얻는데
모든 중생들을 위해 실제로 행동하는 것은
얼마나 더 많은 공덕을 가져오겠습니까?

마음 가는 곳에
몸 따라가나니
좋은 마음부터
일으키소서!

28

중생들은 불행에서 벗어나기를 바라면서도
불행의 원인들을 향해 달려가고,
행복을 바라면서도 무지하기 때문에
행복의 원인들을 원수처럼 물리칩니다.

무지처럼 우릴
괴롭히는 것이 없으니
무지는 가장 큰
고통의 원천

29

보리심은 행복을 잃어버리고
여러 가지로 고통 받는 이들에게
한없는 기쁨을 주고
모든 고통을 없애줍니다.

여기 고통에서 벗어날
길이 있습니다.
여기 무한한 행복으로
가는 길이 있습니다.

30

보리심은 무명(無明)도 쫓아주니
어디에 이와 같은 선(善)이 있을까요?
어디에 이와 같은 친구가 있을까요?
어디에 이와 같은 공덕이 있을까요?

무명 = 무지, 미혹
ignorance, delusion,
bewilderment

31

자기가 남으로부터 받은 도움만
갚아도 사람들은 칭찬을 받는데 대가 없이
남들을 도와주시는 보살님들이야
얼마나 더 칭찬을 받아야 할까요?

자비심 없이 보시하는 것은
튼튼한 가죽 끈으로 기둥에
자기 자신을 묶는 것과 같아
윤회의 감옥에 더 단단히
묶일 뿐이라네. ― 밀라레파

32

비록 멸시하는 태도로 하더라도
어떤 사람이 변변찮은 음식을 제공하여
몇 사람을 반나절만 배부르게 해도
사람들은 그가 선행을 했다고 칭찬합니다.

삼백 명의 사람들에게 음식을
제공하여 얻는 공덕이 잠시
자애로운 마음을 갖는 공덕의
일부에도 미치지 못 한답니다.

33

허공처럼 한량없는 중생들에게
영원히 그들의 모든 소원을 이루어주시는
여래의 최고의 행복을 주시는 분에 대해
무슨 말이 필요할까요?

번뇌란 윤회의 둥지 안에
독수리 새끼 보리심이 자라나니
지혜·방편 두 날개 한번 펼치면
일체지(一切智) 하늘로 날아오르리.
— 밀라레파

34

이렇게 최고의 은혜를 베풀어 주시는
보살님에 대해 악의(惡意)를 품는 사람은
그 악의를 품는 순간만큼 많은 겁(劫) 동안
지옥에서 머물게 된다고 합니다.

악의는 무지와 미움에서
나오는 나쁜 에너지,
선의는 지혜와 사랑에서
나오는 좋은 에너지

35

그러나 보살님들에 대해 선의(善意)를 품으면
훨씬 더 많은 과보를 받습니다.
보살님들은 큰 어려움에 직면해도
악업은 일어나지 않고 선업만 늘어날 뿐입니다.

보살님들의 세 가지 마음 :
• 자비심
• 보리심
• 불이(不二)의 마음

36

이 귀중한 성스러운 보리심을
일으키신 분들께 예경 드리며,
자신을 해치는 분들까지도 대락(大樂)으로
인도하시는 이들 행복의 원천에 귀의합니다.

악한 마음의 상태보다 선한
상태가 더 강하다고 한다.
선한 상태는 합리적이기에 타당한
기반을 갖고 있기 때문이다.

(부처님의 가르침을 수행할 수 있는) 여덟 가지 여가

- 지옥에 태어나지 않음
- 동물로 태어나지 않음
- 아귀로 태어나지 않음
- 장수신으로 태어나지 않음
- 야만인으로 태어나지 않음
- 수행을 불가능하게 하는 몸과 마음의 결함을 갖고 태어나지 않음
- 그릇된 견해를 가진 이로 태어나지 않음
- 부처님께서 출현하시지 않았을 때 태어나지 않음

열 가지 유리한 여건

- 인간으로 태어남
- 부처님의 가르침이 있는 곳에 태어남
- 정상적인 신체기능을 갖고 태어남
- 다섯 가지 중죄(오무간업)를 짓지 않음
- 삼보(三寶)에 대한 믿음을 갖고 있음
- 부처님 출현시에 태어남
- 부처님 설법시에 태어남
- 부처님의 가르침을 수행하는 이들이 있을 때 태어남
- 불법이 번창할 때 태어남
- 불법수행에 필요한 것들을 보시하는 이들이 있을 때 태어남

부처님의 가르침을 듣는 것만으로도
다음 생에는 좋은 곳에
태어날 수 있다고 합니다!

02

악업정화

중생들을 이끌어주시는 성자(聖者)들이시여
제가 저지른 모든 악으로부터 저를 구해주소서.
앞으로는 결코 이런 악행을
다시는 저지르지 않겠습니다.

뭔가 귀한 것을 부처님께 공양 올리고 싶어 하는 아이가 있었습니다. 가진 것이 없어 빈 그릇에 흙을 가득 채워 그것을 세상에서 가장 귀한 금(金)으로 생각하고 부처님께 올렸습니다.
이 공덕으로 그는 위대한 왕으로 다시 태어나서 부처님의 가르침을 펼치는 데에 크게 공헌했습니다. 그가 곧 저 위대한 아쇼카 (Ashoka) 왕이랍니다.

고귀한 양산 — 부처님들에 대한 존경과 악으로부터의 보호를 상징함

1

이 귀중한 보리심을 간직하기 위해
저는 정성을 다해 공양을 올립니다,
무한한 공덕의 바다인 모든 부처님들과
성스러운 가르침과 보살님들의 모임에 .

부처님들의 세계는
우리가 상상도 할 수
없이 큰 공덕의 바다,
축복의 터전입니다.

2

이 세상의 모든 꽃과 과일과
온갖 약초와
모든 귀한 보석과
깨끗하고 상쾌한 물을

꽃보다 더 아름답고
보석보다 더 귀하며
깨끗한 물보다 더
깨끗한 마음으로

3

보석으로 가득 찬 산들과 아름다운 숲들,
고요하고 즐거운 곳들,
꽃으로 장식된 나무들과
맛있는 과일들이 주렁주렁 달린 나무들을

지금 우리들은 아름다운
부처님들의 세계에
가까이 와 있습니다.
"옴 아 훔"
"옴 아 훔"
"옴 아 훔"

4

천상계에서 나오는 미묘한 향,
소원을 들어주는 나무들과 보석나무들,
기르지 않아도 얻을 수 있는 수확물과
모든 공양을 올릴 수 있는 장식품들을

천상계의 향보다 더
향기로울 수 있는 게
우리들의 마음!

5

연꽃으로 장엄된 호수들,
거위들의 아름다운 노래 소리,
허공처럼 넓은 모든 세계의
주인 없는 모든 것들을

장엄 = 장식
마음은 언제나
허공처럼 넓고
깨끗하게!

6

이 모든 것들을 마음에 담아
부처님들과 보살님들께 공양 올리오니
성스러운 공양의 대상이신 자비로운 분들이시여,
이 공양을 받아 주시옵소서.

마음속으로 올리는 공양도
실제공양과
똑같은 공덕을 가져
온답니다.

7

공덕이 없어 가난한 저에게는 아무것도
다른 공양 올릴 수 있는 것이 없사오니,
중생들을 보호해 주시는 분들이시여,
저를 위해 이 공양을 받아 주시옵소서.

금생의 가난은
전생의 인색(吝嗇)의
과보

8

모든 생을 통해 제가 얻게 될 모든 저의 몸을
부처님들과 보살님들께 바쳐 공경하는마음으로
여러분들에게 봉사하겠사오니
최고의 영웅들이시여, 저를 받아 주시옵소서.

몸 공양은 우리들의
불행의 원천인 이기심을
제거해 준답니다.

9

여러분들께서 저를 받아주셨으니 이제
윤회의 두려움 없이 중생들에게 봉사하며
지금까지 제가 지어온 모든 악업을 정화하고
앞으로는 더 이상 악업을 짓지 않겠습니다.

악업은 불행의 씨앗
선업은 행복의 씨앗

10

바닥은 투명하고 반짝이는 크리스탈,
웅장한 기둥들은 보석으로 장식되어있고,
위는 영롱한 진주로 장식된 차양으로 덮인
향기 가득한 욕실에서

11

여러 보병에 가장자리까지 가득
향기로운 물로 채워 아름다운 음악과
노래 울려 퍼지는 가운데 부처님들과
보살님들께 목욕공양을 올리겠습니다.

부처님들은 모든 오염에서
벗어나신 청정한 분들이므로
목욕공양은 우리들 자신을
정화하기 위한 것이랍니다.

12

티 없이 깨끗하고 향기로운 천으로
이 분들의 몸을 닦아드리고
찬란한 색상의 향기로운 의상을
이 성스러운 분들께 공양드리겠습니다.

티 없이 깨끗하고
꽃처럼 향기롭게

13

여러 가지 부드럽고 고운 뛰어난 의상과
수많은 보석 장신구로 성스러운
보현, 문수, 관음 보살님들과 그 밖의
보살님들을 장엄해 드리겠습니다.

보현 = 보시
문수 = 지혜
관음 = 자비

14

삼천대천세계에 두루 퍼질
가장 귀한 향료로 금빛처럼
찬란하게 빛나도록 성자들의
왕들의 몸에 발라 드리겠습니다.

성자 = 아라한, 독각,
보살, 부처

15

온갖 아름답고 향기로운 천상의 꽃,
만다라바, 우담바라, 푸른 연꽃 등을
아름다운 화환으로 만들어서 가장
영광스런 성자들의 왕들께 올립니다.

만다라바 = 보는 사람에게
환희심이 일어나게 한다는
아름답고 향기로운 천상의 꽃
(꽃 = 자비의 상징)

16

구름처럼 피어오르는
향기로운 향을 피워놓고
온갖 맛있는 먹을 것, 마실 것을
차려 공양을 올립니다.

아름답고 향기로운 공양을
올리면 우리의 마음 또한
아름답고 향기롭게 되겠죠.
(향 = 지계의 상징)

17

바닥에는 향기로운 아름다운 꽃잎들을
뿌려놓고 황금빛 연꽃 봉오리 위에 마련된
보석으로 만든 등불을 공양 올리오니
모든 중생들의 무지의 어둠을 쫓아주소서!

등불공양은 무명의 어둠을
없애고 일체지(一切智)를
얻는 데 도움을 준답니다.
(등불 = 지혜의 상징)

18

사방의 입구는 진주와 보석으로 장엄되어 있고,
부처님들을 찬양하는 아름다운 노래가 울려 퍼지는
수많은 찬란한 천상의 궁전들을
자비로 가득 찬 분들께 공양 올립니다.

고귀한 분들을
찬양하는 마음은
그들과 하나가 되는
고귀한 마음입니다.

19

황금 손잡이가 달려있고
모양이 아름다우며 가장자리는 아름다운
장신구로 장식되어 있는 아름다운 보석으로
만든 일산(日傘)을 공양 올립니다.

일산(parasol)은 부처님들에
대한 존경과 악으로
부터의 보호를 상징함

20

이밖에 수많은 공양물들이 구름처럼
솟아올라 즐거운 음악이 비처럼
흘러내려 모든 중생들의 고통이
남김없이 씻어지소서!

정화와 축복의 진언 :
"옴 아 훔"(OM AH HUM)

21

성스러운 부처님의 가르침의
보물과 불탑과 불상들 위에
꽃과 보물 등의 비가
끊임없이 내리소서!

Dharma('잡아줌')의 의의 :
• 악도에서 태어나지 않게 잡아줌
• 윤회에서 태어나지 않게 잡아줌
• 자기에게 집착하지 않게 잡아줌

22

문수 보살님과 보현 보살님께서
수많은 아름다운 공양물들을 보호자들이신
부처님들과 보살님들께 올리셨듯이
저도 부처님과 보살님들께 공양을 올립니다.

경전에 의하면 개 한 마리가 돼지
한 마리를 쫓아 불사리 탑을 한 바퀴
돌았는데, 이 '탑돌이'로 이들
에게 깨달음의 씨가 심어졌답니다.

23

무한한 공덕의 바다
부처님들과 보살님들에 대한
찬양을 공양 올리오니 구름 같은 찬양이
그들 앞에 끊임없이 솟아오르소서!

찬양은 말로 하는 절,
믿음은 마음으로 하는 절

24

과거 · 현재 · 미래 삼세의
모든 부처님들과 부처님들의 가르침과 승가에
미진처럼 많은 몸으로
땅에 엎드려 절 공양을 올립니다.

절을 할 때 자기가 수많은 몸으로
나타나서 부처님들께 동시에
절한다고 생각하면 그만큼 더
많은 공덕을 얻을 수 있답니다.

25

보리심의 터전들과
성스러운 유물들이 있는 불탑에,
저의 모든 스승님들과 모든 최고의
수행자들에게 절을 올립니다.

보리심의 터전들 :
• 대승의 가르침
• 대승의 선지식(수행 안내자)
• 보리심을 일으키는 장소

26

이 순간부터 깨달음의 정수에 이를 때까지
부처님께 귀의합니다.
그리고 부처님의 가르침과
보살님들의 모임(승가)에 귀의합니다.

"나모 붓다야
나모 달마야
나모 상가야"

27

지금까지 제가 저지른 모든 악업을
깊이 뉘우치며 시방세계 모든 곳에
머무시는 자비로운 모든 부처님들과
보살님들께 두 손 모아 청하옵니다.

절을 할 때 몸이 바닥에
더 많이 닿으면 닿을수록
더 많은 공덕을 얻는답니다.

28

무시이래 금생과 전생에
윤회의 세계에서 헤매면서 인과응보의
법을 몰라 저는 많은 악업을 저지르고
남들에게 그렇게 하게 만들었습니다.

인과응보를 믿지 않으면
수행에 열의가 없어지나, 인과
응보를 굳게 믿으면 깨달음을
위한 열망을 갖게 된다네.
— 밀라레파

29

너무도 무지하여 남들이 지은 악업을 보고
저는 기뻐하기까지 했습니다.
이제 이것이 잘못임을 깨달았기에
보호자님들께 진심으로 고백 참회하옵니다.

참회하기 전에 먼저 보리심을
일으키면 악업이 전부 소멸되나
단순히 참회만 하면
악업이 감소될 뿐이랍니다.

30

공덕의 터전인 삼보와
저의 부모와 스승님들, 그 밖의 분들께
무지해서 몸과 마음으로
제가 지은 모든 악업을

보리심을 일으키는 기도 :
"보시를 비롯한 육바라밀을
부지런히 실천하여 제가 모든
중생들을 구제할 수 있도록 부처님
의 깨달음을 얻기를 기원합니다."

31

그리고 번뇌로 말미암아 그밖에
제가 지은 모든 악업을
구원자들이신 모든 부처님들과
보살님들께 고백하고 참회합니다.

열여섯 나한 중의 한 분인
출라파타카는 네 줄짜리
부처님 가르침(게송) 하나도
못 외우지만 수년 동안 청소하면서
부처님께서 주신 다음 두 구절을
되풀이하여 외운 결과
깨달음을 얻었다고 합니다.
먼지가 사라졌네!
번뇌가 사라졌네!

번뇌(煩惱) : 마음을 더럽히는
해로운 생각과 감정

32

만일 제가 이들 악업을 정화하기 전에 죽으면
저는 상상도 할 수 없을 고통을 겪게 될 것이오니
저희들의 안내자이신 부처님들과 보살님들이시여,
빨리 저를 이 모든 두려움으로부터 보호해 주소서.

33

우리들이 병을 앓든 건강하든
죽음은 언제 찾아올지 알 수 없사오니
제가 악업을 정화할 때까지
저를 죽음으로부터 보호해 주시옵소서!

이 순간이
누구에게나
마지막 순간이
될 수 있습니다!

34

언젠가는 모든 사람, 모든 것을 두고
저 혼자 이 세상을 떠나야 하는데
무지하여 저는 적들에게는 물론
친구들에게도 온갖 악행을 저질렀습니다.

악행은 무지의 소행
선행은 지혜의 열매

35

제가 싫어하는 사람들은 물론
제가 사랑하는 사람들도, 그리고
종국에 가서는 저 자신도 죽고,
모두 죽게 될 것입니다.

우린 모두 여행자,
죽음은 동반자!

36

모든 경험한 것은
기억 속으로 사라지니,
모든 것은 꿈속의 환영 같아
지나가면 다시
볼 수 없습니다.

무상에 대해 명상하면
모든 부처님들로부터
안내를 받게 된답니다.

37

이 짧은 금생에서도 이미
많은 친구와 적들이 떠나갔지만
그들 때문에 제가 저지른 무서운 악업은
아직도 제 곁에 괴롭게 남아있습니다.

씻을 수 없는
때가 없듯
씻을 수 없는
악업 없네

38

어느 날 갑자기 저도 떠나야
한다는 걸 모르고
집착과 증오, 무지 때문에
저는 많은 악행을 저질렀습니다.

마음속의 3독 :
• 탐〔貪愛〕= 집착
• 진〔瞋恚〕= 증오
• 치〔癡暗〕= 무지

39

밤이나 낮이나 끊임없이
저의 수명은 짧아지고
결코 길어지는 법이 없으니
어떻게 제가 죽지 않겠습니까?

삼선근(三善根) :
• 무탐(無貪)
• 무진(無瞋)
• 무치(無癡)

40

임종의 자리에서 친척,
친구들에게 둘러싸여 있더라도
저 혼자만이 죽음의 고통을
겪어야 할 것입니다.

우린 모두 혼자
올 때도 혼자
갈 때도 혼자
살 때도 혼자

41

제가 저승사자들에게 붙잡혔을 때
친구나 친척이 무슨 도움이 되겠습니까?
저를 보호해 줄 수 있는 것은 공덕뿐인데
저는 공덕을 쌓지 못했습니다.

우린 누구나
함께 살아도
함께 사는 게 아니라네,
각자 자기 안에 갇혀 있어.

42

이 덧없는 삶에 대한 집착 때문에
저는 이 위험(죽음)을 깨닫지 못해
주위를 기울이지 못하여
많은 악행을 저질렀습니다.

째깍째깍 시시각각
삶이 달아나는 소리
죽음이 다가오는 소리
무상을 알리는 소리

43

사람들은 사지가 잘릴 곳으로 끌려가면
질겁하여 입은 마르고, 얼굴은 창백해지고,
눈알은 튀어 나오는 등
모습이 완전히 바뀌는데

계속해서 무상에 대해
명상하면 모든 부처님들에 의해
고통으로부터 구출된답니다.

44

무서운 저승사자들에게 붙잡혀
겁에 질려 덜덜 떨며 똥오줌을 쌀 때
저의 몰골은 얼마나 더
끔찍하고 비참할까요?

계속해서 무상에 대해
명상하면 모든 부처님들의 축복을
받는답니다.

45

두려움으로 떨며 사방을 두리번거리면서
애타는 마음으로 구원을 바라겠지만
어떤 은인이 기다리고 있다가 이 무서운
공포로부터 저를 구해 주겠습니까?

불법(佛法)은
불사(不死)로
가는 문(門)

46

어디에도 두려움이나 피난처가 보이지 않아
저는 완전히 절망에 빠질 것입니다.
이렇게 보호해 줄 사람 하나 없이 이런
무서운 상황에 놓이면 어떻게 해야 할까요?

죽음처럼 삶을
사랑하게 만드는
것은 없습니다.

47

그래서 저는 오늘 당장 귀의합니다.
큰 위신력으로 중생들을 보호해 주시고
중생들의 모든 두려움을 쫓아주시는
보호자 부처님께 진심으로 귀의합니다.

"나모 붓다야"

48

그리고 윤회의 공포를 없애주는
부처님들의 성스러운 가르침과
성스러운 보살님들의 모임에도
똑같이 진심으로 귀의합니다.

"나모 달마야"
"나모 상가야"

49

두려움에 떨며 저는
저 자신을 보현 보살님께 바치며,
문수사리 보살님께도
저를 바칩니다.

보현(Samantabhadra) : '어디
에서나 은혜를 베푸시는 분'
문수사리(Manjushri) : '고귀하고
부드러운 분', 모든 부처님들의
'지혜(智慧)'의 화신

50

한결같이 자비를 베푸시는
중생들의 보호자이신 관세음 보살님께
고통의 심연(深淵)으로부터 간청하옵나이다.
"지금 저를, 이 악인을 보호해 주소서!"

관세음(Avalokiteshvara) : 세상의
(도와 달라) 외치는 소리를
들으시는 분, 모든 부처님들의
'자비'의 화신
자비 진언(육자 진언) :
"옴 마니 반메 훔"

51

성(聖)허공장 보살님과 지장 보살님,
그 밖의 모든 자비로운 보호자님들께
진심으로 간청하오니
저를 보호해 주시옵소서.

지장 (Kshitigarbha) :
'이타행'의 화신

52

그 모습을 보기만 해도 겁에 질려
염라대왕의 사자들 같은 무서운 존재들도
달아난다는 바즈라파니 님께도
보호를 간청하옵니다.

바즈라파니(Vajrapani) : '금강저를
잡으신 분', 금강지 보살, 모든
부처님들의 '힘'의 화신

53

전에는 보살님들의 말씀을 무시했으나
이제 제가 두려움을 깨달아
진심으로 도움을 간청하오니
빨리 이 공포로부터 저를 구해주소서.

죽음이 두려워 나는 산으로 가서 죽을
시간의 불확실함에 대해 명상하고 또
해서 죽지 않는 끝없는 마음의 본성
이라는 요새를 붙잡아 이제 죽음에 대한
모든 두려움이 사라졌네. ─ 밀라레파

54

하찮은 병에 걸려도 두려워
의사의 말을 따르는데
수많은 번뇌의 병에 시달리고 있으니
얼마나 더 그럴 필요가 있겠습니까?

번뇌는 만병의 근원

55

이들 번뇌의 병 하나만으로도
모든 중생들이 전멸될 수 있는데
달리 치료할 약은
어디에도 없으니

번뇌보다 더 무서운
병은 없습니다.

56

만일 제가 모든 고통을 없애주는
모든 것을 아시는 의사 부처님의 말씀을
따르지 않는다면 얼마나 부끄럽고
얼마나 어리석은 일일까요?

부처님 = 의사
달마(불법) = 약
승가 = 간호사들

57

일반 낭떠러지 가에서도
조심해야 하거늘
천길 지옥의 낭떠러지 가에서야
얼마나 더 조심해야 하겠습니까?

여기서 말하는 지옥은 '고통과
고통 사이에 간격이 없는(고통이
끊임없이 계속되는)' '무간지옥
(아비지옥)' 입니다.

58

"적어도 오늘은 내가 안 죽겠지!"
얼마나 어리석은 생각이랴,
죽음이 언제 닥칠지
아무도 모르는데.

나 언제 죽을지 몰라
명상 미룰 시간 없네.
— 밀라레파

59

누가 저를 이 공포로부터 보호해 줄 수 있을까요?
어떻게 제가 여기서 벗어날 수 있을까요?
틀림없이 제가 죽을 텐데
어떻게 마음 편히 지낼 수 있을까요?

언제 죽음이 닥칠지 모름을 알고
나는 금생의 모든 것에 대해
관심을 끊었네.
— 밀라레파

60

과거에 즐겼으나 지금은 사라진 것들 중에서
무슨 가치 있는 것이 있습니까?
그런 것에 탐닉하느라
저는 부처님들의 가르침을 무시했습니다.

나는 지금 얼마나
가치 있게 살고 있나?

61

제가 이 세상을 떠날 때는
친척들과 친구들을 모두 두고
저 혼자 떠나야 하거늘
친구와 적이 무슨 소용입니까?

금생만 생각하는 사람은
내생에는 악도에서
태어난답니다.

62

"어떻게 하면 모든 고통의 원천인
악에서 벗어날 수 있을까요?"
낮이나 밤이나 오로지 이것만을
저는 생각해야 합니다.

악을 물리치는 6가지 방법 :
• 불명(佛名) 낭송
• 진언(眞言) 낭송
• 불경(佛經) 낭송
• 공(空)에 대한 명상
• 공양(供養) 올림
• 불화나 불상 제작, 수리

63

본질적인 악(惡)이든
파계(破戒)적인 악이든
제가 지금까지 저지른 모든 악은
무지 때문이었습니다.

자비 진언을 한번 만 암송해도
해탈계 근본서약 네 개와
다섯 개의 연속적인 불선업이
완전히 정화된다고 합니다.

64

앞으로 제가 겪을 고통이 두려워
중생들의 보호자님들 앞에서
두 손 모아 참회하오며
절을 하고 또 절을 하옵니다.

"지옥 중생이라도 부처님의
이름을 일념(一念)으로
부르기만 하면
즉시 구제되리라."

65

중생들을 이끌어 주시는 성자들이시여,
제가 저지른 모든 악으로부터 저를 구해 주소서.
앞으로는 결코 이런 악행을
다시 저지르지 않겠습니다.

가장 강력한 악업정화 방법 = 공에 대한 명상

"공(空)속에는 창조자도 자아도 없고,
악업을 짓는 행위도 없으며, 지어지는 악업도 없다.
아무것도 실제로 존재하지 않는다.
모든 것은 공하다."

샤카무니 부처님의 전생(前生) 때 얘깁니다.

어릴 때 어머니와 싸우고 떠나려는 그를

막으려고 누워 계신 어머니 머리 위를

걸어 넘어간 악행(惡行)으로 지옥에 가서

계속 머리가 뚫리는 고통을 겪을 때

같은 고통을 겪는 주위 사람들을 위해

이렇게 기도했답니다. "모든 중생들이

머리에 가해지는 고통에서 벗어나고

그들의 모든 고통이 저에게서 익으소서!'

이 기도로 그의 모든 악업이 정화되어

그는 당장 좋은 곳에 태어났다고 합니다.

십악참회(十惡懺悔)

살생중죄금일참회(殺生重罪今日懺悔) 살생한 무거운 죄 오늘 참회합니다.

투도중죄금일참회(偸盜重罪今日懺悔) 도둑질한 무거운 죄 오늘 참회합니다.

사음중죄금일참회(邪淫重罪今日懺悔) 그릇된 성행위 한 중죄 오늘 참회합니다.

망어중죄금일참회(妄語重罪今日懺悔) 거짓말한 무거운 죄 오늘 참회합니다.

기어중죄금일참회(綺語重罪今日懺悔) 잡담한 무거운 죄 오늘 참회합니다.

양설중죄금일참회(兩舌重罪今日懺悔) 이간질하는 말한 중죄 오늘 참회합니다.

악구중죄금일참회(惡口重罪今日懺悔) 험한 말한 무거운 죄 오늘 참회합니다.

탐애중죄금일참회(貪愛重罪今日懺悔) 탐낸 무거운 죄 오늘 참회합니다.

진에중죄금일참회(瞋恚重罪今日懺悔) 성낸 무거운 죄 오늘 참회합니다.

치암중죄금일참회(痴暗重罪今日懺悔) 어리석음의 중죄 오늘 참회합니다.

03

행보리심 일으키기

이 세상에 질병으로 고통 받는 이들이 있는 한
그들의 질병이 모두 치유될 때까지
제가 의사가 되고, 간호사가 되고,
약 자체가 되게 해 주시옵소서!

성문과 독각은 샤카무니 붓다로부터 태어나고,
완전한 붓다는 보리심으로 부터 태어난다.
– 찬드라키르티

흰 소라고둥 나팔 — 사방으로 퍼지는 부처님 가르침의 소리 상징

1

모든 중생들을 악도의
고통으로부터 보호하여
선도(善道)로 인도해 주는
공덕을 저는 기뻐합니다.

삼선도로 가는 길 :
보시, 지계, 인욕

2

모든 중생들을 윤회의
고통으로부터 해탈로 인도해 주는
부처님의 가르침을
저는 기뻐합니다.

해탈로 가는 길 :
지계, 선정, 지혜

3

부처님들의 깨달음과
그 원인, 보살님들의
10개의 경지에 대해서도
저는 기뻐합니다.

(초지) 환희지(歡喜地) (6지) 현전지(現前地)
(2지) 이구지(離垢地) (7지) 원행지(遠行地)
(3지) 발광지(發光地) (8지) 부동지(不動地)
(4지) 염혜지(焰慧地) (9지) 선혜지(善慧地)
(5지) 난승지(難勝地) (10지) 법운지(法雲地)

4

모든 중생들에게 행복을 가져다 주는
보리심을 일으킴으로써 얻는 공덕과
중생들에게 이익을 주는 행동을
저는 기뻐합니다.

순수한 마음으로 남의 공덕을 기뻐하면
자기도 그와 같은 공덕을 얻는다고 합니다.
이것은 가장 쉽게 공덕을 쌓는 길입니다.
게다가, 남들의 공덕을 진심으로 기뻐하면
아집으로 인한 질투심도 극복된답니다.

5

공경하는 마음으로 두 손 모으고
모든 곳에 머무시는 부처님들께 간청하오니
무명의 어둠 속에서 고통 받고 있는 중생들을 위해
부처님의 가르침의 등불을 밝혀 주시옵소서!

불법(佛法)은 고통의 원인인
무명을 제거하므로
법 보시는 최고의
보시랍니다.

6

공경하는 마음으로 합장하고
부처님들께 간청하옵니다.
저희들을 무명 속에 두시고 떠나지 마시고
무량 겁 동안 저희들과 함께 머물러 주소서!

기도는 축복으로
이끄는 에너지,
공경하는 마음이
생명

7

절과 공양, 악업 참회 등을 통해
제가 지금까지 쌓은 공덕으로
모든 중생들의 고통이
남김없이 사라지소서!

제 몸과 마음, 저의
모든 것이 중생들의
고통을 덜어주는
도구가 되게 하소서!

8

이 세상에 질병으로 고통 받는 이들이 있는 한
그들의 질병이 모두 치유될 때까지
제가 의사가 되고, 간호사가 되고,
약 자체가 되게 하옵소서!

약사여래 진언 :
"타야타 옴 바이사지에
바이사지에 마하 바이사지에
라자 삼우드가테 사바하."

9

먹을 것과 마실 것이 소나기처럼 쏟아져
굶주림과 갈증이 사라지고
먹고 마실 것이 부족할 때는 제가 먹을
것과 마실 것이 되게 해 주시옵소서!

이 세상의 모든
거룩한 이들에게
예경 드립니다!

10

가난한 이들을 위해
제가 무진장한 보물이 되고,
그들에게 필요한 모든 것이 되어
항상 그들 곁에 있게 하옵소서!

가난한 이들에게 자비심을 갖고
돈이나 먹을 것을 주는 것은
삼세의 부처님들을 섬기는 것과
마찬가지라네.
— 밀라레파

11

모든 중생들의 행복을 위해
저는 아낌없이 바칩니다,
삼세(三世)에 걸쳐 제가 얻게 될
모든 저의 몸과 즐거움, 공덕을.

'주어라' 는 생각만 하거나 소리만
들어도 보살님들은 열반에 든 아라한
도 맛보지 못하는 기쁨을 얻는데, 모든
것을 줄 때 그들의 기쁨이 어떠하랴!
— 찬드라키르티(Chandrakirti)

12

모든 걸 바쳐야 열반에 도달하고,
열반이 저의 목표이니,
모든 걸 바쳐야 한다면
저는 모든 중생들에게 바치겠습니다.

제 몸과 마음,
모든 것을 바칩니다,
모든 어머니 중생들의
깨달음과 행복을 위해.

13

제 몸은 중생들의 행복을 위해
제가 그들에게 바친 것이니
그들이 이것을 어떻게 하든지
저는 상관하지 않겠습니다.

내 몸은 내 것이 아니네,
그건 모든 어머니
중생들의 몸, 모든
부처님들의 몸이네!

14

그들이 이걸 갖고 놀든
조롱하거나 욕을 보일지라도
이 몸은 그들에게 바쳤으니
제가 상관할 일이 아닙니다.

조롱이나 욕은 알고 보면
조롱이나 욕이 아니네.
그건 사랑 받고 싶은
절규일 뿐이라네.

15

제가 무엇을 하든지간에
결코 남들에게 해가 되지 말고
누구든지 저를 만날 때마다
이득을 얻게 되소서!

이렇게 사는 것보다
더 큰 축복이
어디 있으랴!

16

그들이 저에게 화를 내든
믿음을 내든
그것이 곧 그들의 모든 소원이
이루어지는 원인이 되게 하소서.

이런 크나큰
사랑을 지니신
분들께 절을
올립니다!

17

잘못 알고 저를 비난하거나
해치거나 모욕을 주는
사람들이 모두 이로 인해
깨달음을 얻으소서!

남들을 해치려는, 무지로
고통 받는 분들에게 우리가
줄 수 있는 가장 큰 선물은
깨달음의 행복입니다.

18

보호가 필요한 이들을 위해 제가 보호자가 되고
길 떠나는 이들을 위해 안내자가 되고
물을 건너려고 하는 이들을 위해 배가 되고,
뗏목이 되고, 다리가 되게 하옵소서!

여기 기도가 있습니다,
듣기만 해도 좋은,
따뜻한 사랑으로 넘치는
고귀한 마음이 있습니다!

19

육지를 찾는 이들을 위해 제가 섬이 되고,
빛을 찾는 이들을 위해 제가 등불이 되며
쉼터가 필요한 이들을 위해 쉼터가 되고, 도움이
필요한 이들에게 제가 도우미가 되게 하소서!

자나깨나 언제나
제 마음속이 이렇게
중생들을 위한 기도로
가득 차게 하옵소서!

20

제가 여의주가 되고, 풍요의 보병(寶甁)이 되고,
최고의 약초가 되고, 강력한 진언(眞言)이 되고,
소원을 들어주는 나무가 되고,
소원을 들어주는 암소가 되게 하소서!

진언(mantra) : 마음 구제,
부처님들의 축복이
담겨 있는
신비한 음절

21

대지와 그 밖의 원소들이
허공 끝까지 이 세상
모든 중생들의
생명의 기반이듯이

사대(四大) 원소:
지(地), 수(水),
화(火), 풍(風)

22

그들이 모두 해탈할 때까지
저도 허공 끝까지 이 세상
모든 중생들의 생명의 기반이
되게 해주시옵소서!

보살수행은 모두를
위한 행복수행이니,
가장 큰 행복
찾는 길이네!

23

과거의 모든 부처님들께서
보리심을 일으키시고
보살 수행의 모든 단계를
완수하셨듯이

초지 ― 보시(布施)바라밀 수행
 2지 ― 지계(持戒)   〃
 3지 ― 인욕(忍辱)   〃
 4지 ― 정진(精進)   〃
 5지 ― 선정(禪定)   〃
 6지 ― 반야(般若)   〃
 7지 ― 방편(方便)   〃
 8지 ― 원(願)   〃
 9지 ― 역(力)   〃
10지 ― 지(智)   〃

24

저도 모든 중생들을 위해
그와 같이 보리심을 일으키고
보살 수행의 모든 단계를
완수하겠습니다.

25

현명하게도 이렇게 진지하게
귀중한 보리심을 일으킨 분들은
그것을 유지하고 증장하기 위해
다음과 같이 자신을 격려해야 합니다.

상대적 보리심은 자비심을
개발하기 위한 수행이고,
궁극적 보리심은 공(空)을
깨닫기 위한 수행입니다.

26

이제 저의 삶은 큰 열매를 맺고
큰 의미를 갖게 되었습니다.
오늘 저는 부처님의 가문에 태어나서
부처님의 자손이 되었습니다.

부처님의 자손은
어머니 중생들을 위해
깨달음으로 나아가는
고귀한 수행자

27

지금부터 저의 행동은
이 고귀한 가문에 맞게 하고
이 티 없이 깨끗한 가문을 더럽힐
행동은 절대로 하지 않겠습니다.

순수는 축복의 터전

28

희귀한 행운으로 앞을 못 보는 이가
쓰레기더미에서 귀한 보물을 발견하듯
그렇게 희귀한 행운으로
저는 귀중한 보리심을 얻었습니다.

보리심은 희귀한
행운의 보물

29

보리심은 이 세상에서
죽음을 없애는 불사(不死)의 약이며
이 세상의 가난을 없애주는
무진장한 보물입니다.

보리심은 이번 생에 내가
얻은 가장 귀한 마음이니,
보리(깨달음) 얻을 때까지
끝까지 잡고 있으리라!

30

보리심은 이 세상의 질병을
고쳐주는 최고의 약이고
윤회의 길에 지친 이들에게
피로를 풀어주는 나무 그늘입니다.

네 가지 장애 :
업장(業障), 습장(習障)
번뇌장, 소지장

31

보리심은 모든 중생들을
악도(惡道)에서 건네주는 다리이고
번뇌의 고통을 덜어주는
마음속에 떠오르는 달입니다.

보리심은
해탈의 걸림돌인
번뇌장을 없애주고

32

보리심은 중생들의 무명의 안개를
쫓아주는 밝은 태양이고
참된 부처님의 가르침의 정수(精髓)로
만든 신선한 버터입니다.

보리심은
일체지의 걸림돌인
소지장도 없애준답니다.

33

보리심은 행복에 굶주린
윤회하는 모든 중생들을
만족시키기 위해 제공되는
행복의 성찬(盛饌)입니다.

보리심은 행복의 성찬

34

오늘 제가 모든 중생들을 일시적인
행복과 궁극적인 행복으로 초대하오니
신(神)들도 아수라도 모두모두
모든 부처님들 앞에서 기뻐하소서!

일시적인 행복 = 해탈(解脫)
궁극적인 행복 = 성불(成佛)

남의 불선업을 보고
기뻐하지 마라.
예를 들어,
누가 천 명을 살해했다는
소식을 듣고 기뻐하면
자기 자신도 천 명을 살해한
과보를 받는다고 합니다.

반면에 남의 선업을
보고 기뻐하면
자기 자신도 같은
선업의 과보를 받는답니다.

04

보리심 지키기

- 불방일(不放逸)

그래서 세존께서 말씀하셨습니다,
사람으로 태어나는 것은
드넓은 바다 위에 떠도는 널빤지 구멍 속에
눈먼 거북이가 목을 끼우는 것처럼 어렵다고!

젊고 활력이 넘칠 때는
노령이 오리라 생각하지 않지만
그것은 느리지만 확실히 다가온다네,
땅 속에서 자라는 씨앗처럼.
—밀라레파

한쌍의 황금색 물고기 — 부처님의 두눈, 즉 지혜를 나타냄

1

이렇게 확고하게 보리심을 일으킨
부처님의 자손은 언제나
방일하지 말고 노력하며
수행을 게을리 하지 말아야 합니다.

방일(放逸) = 부주의
불방일(不放逸) = 주의

2

하겠다고 약속한 일이라도
잘 생각해 보지 않고 성급하게 시작한 것은
계속해 나가야 할지 말아야 할지
재고해 보는 것은 당연합니다.

일곱 가지 고귀한 재산 :
신심, 지계, 배움, 보시,
불방일, 겸손, 지혜

3

그러나 지혜로운 부처님들과 보살님들께서
철저히 생각해 보셨고
저 자신도 최선을 다해 생각해 본 것을
어떻게 제가 버리겠습니까?

보리심은 버려야 할
마음이 아니네,
그것은 가꿔야 할
마음이네!

4

그렇게 하겠다고 약속해 놓고
제가 그것을 행동으로 옮기지 않으면
모든 중생들을 속이게 되는데
제가 어떤 중생으로 태어나겠습니까?

보리(곡식) 심은 데,
보리 나듯,
보리심 심은 데
보리(깨달음) 나네!

5

경전의 가르침에 의하면
사소한 물건이라도 주겠다고
마음속으로 생각만 했더라도
주지 않으면 아귀로 태어난다고 합니다.

인색한 사람은
아귀로 환생
한답니다!

6

모든 중생들을 최고의 행복으로
인도하겠다고 선언해 놓고
이 약속을 지키지 않는다면
제가 어떤 곳에 태어나겠습니까?

7

어떤 이들은 보리심을 버리고도
해탈에 이르는데
이것은 불가사의한 일,
전지(全知)하신 부처님만이 아십니다.

사리자(Sariputra)는
보리심을 버렸으나 염리심
(厭離心)과 지혜(智慧) 덕에
아라한이 되었답니다.

8

보리심을 버리는 것은 보살님들의
파계 중에서 가장 무서운 것입니다.
그것은 곧 모든 중생들의 행복을
해치는 일이기 때문입니다.

9

그리고 누구든지 잠시라도
보살님의 선행을 방해하면
끝없이 악도에서 고통 받게 됩니다,
모든 중생들의 행복이 줄어들기 때문입니다.

지금 당신 앞에 계신 분이
수많은 사람들을 구제해
오신 고귀한 보살님일 수
있습니다!

10

단 한 중생의 행복만 파괴해도
자신이 파멸을 겪는데,
모든 중생들의 행복을 파괴하면
얼마나 더 많은 고통을 겪을까요?

한 사람의 행복을
증가시키는 건
모든 중생들의 행복을
증가시키는 것이고,

11

윤회 속에 해매는 이가
반복해서 보리심을 일으켰다가
잘못하여 그것을 파괴하게 되면
오랫동안 보살지를 얻을 수가 없습니다.

한 사람의 행복을
해치는 건
모든 중생들의 행복을
해치는 것입니다!

12

그러므로 저는 부지런히 노력하여
제가 약속한 것을 실천하겠습니다.
지금 그렇게 노력하지 않으면 점점
더 낮은 악도로 떨어지게 될 것입니다.

윤회 세계의 4가지 특징 :
• 태어남은 죽음으로 끝남
• 모인 것은 결국 흩어짐
• 높은 지위에 있는 사람들은
  낮은 지위로 떨어짐
• 모든 만남은 헤어짐으로 끝남

13

모든 중생들을 위해 지금까지
무수한 부처님들께서 지나가셨지만 제가
갖고 있는 너무나 많은 업장 때문에 저는
아직도 직접 그들의 보호를 받지 못했습니다.

따뜻한 햇볕을 쬐는 게 즐겁고
안락하지만 언제든 슬픔의
폭풍이 일어나 그대를 질식시킬
수 있나니 때로는 가난한
이들을 위해 보시하라.
— 밀라레파

14

앞으로도 계속해서
지금처럼 행동하면
저는 계속해서 악도에서 태어나서
온갖 고통을 겪게 될 것입니다!

좋지 않은 것의 되풀이,
그게 습장,
윤회의 고리이니
어서 끊어야 하리!

15

여래의 출현과 믿음,
인간으로 태어나 수행능력이 있는 것,
이 모든 것은 너무도 희귀한데
언제 다시 이런 기회가 오겠습니까?

인간으로 태어난 것을
소중하게 만드는
세 가지 자질들 :
신심, 근면, 지혜

16

비록 오늘은 건강하고,
먹을 것도 있고 역경이 없다고 하더라도
삶은 순식간에 바뀔 수 있으며
이 몸은 잠시 빌린 거나 마찬가지입니다.

젊음은 여름 꽃 같아
갑자기 시들어버리네.
노령은 들판에 번지는 불 같아
갑자기 뒤꿈치까지 닥치네.
— 밀라레파

17

지금처럼 행동하면 틀림없이
인간으로 태어나지 못할 테고,
그렇게 되면 악업만 있을 텐데
어떻게 축복을 받을 수 있을까요?

그대는
어디로
가는가,
선돈가, 악돈가?

18

이렇게 선업을 지을 수 있는 때도
선업을 짓지 않는다면
악도에서 고통으로 정신이 혼미할 때
무엇을 할 수 있겠습니까?

삼악도로 가는 길 :
분노는 지옥으로
탐욕은 아귀로
무지는 축생으로

19

선업은 짓지 않고
악업만 쌓는 이는
백천만억 겁(億劫) 동안 '선도(善道)'
라는 말조차 못 듣게 될 것입니다.

삼선도로 가는 길 :
오만은 천신으로
질투는 아수라로
욕망은 인간으로

20

그래서 세존께서 말씀하셨습니다,
사람으로 태어나는 것은
드넓은 바다 위에 떠도는 널빤지 구멍 속에
눈먼 거북이가 목을 끼우는 것처럼 어렵다고.

이토록 얻기 어려운
인간의 몸 얻은 건
전생의 공덕임을
잊지 말게!

21

단 한순간의 악행으로도
일 겁 동안 무간지옥에 머물게 된다는데
무시이래 악행을 지어온 이들이
어떻게 선도에 태어날 수 있겠습니까?

오무간업 :
- 아버지를 죽이는 것
- 어머니를 죽이는 것
- 아라한을 죽이는 것
- 승가의 화합을 깨뜨리는 것
- 부처님의 몸을 손상하는 것

22

그런 고통을 겪은 것만으로
아직 거기서 해방되는 게 아닙니다.
그 고통을 겪는 동안
더 많은 악업을 짓기 때문입니다.

고통이 악업을 낳고
악업이 고통을 낳는
이 고릴 자를 이는
그대뿐이라네!

23

이렇게 얻기 어려운 여가(餘暇)를 얻었는데
선행을 실천하지 않는다면 이보다
더 큰 자기 기만(欺瞞)이 어디 있으며
이보다 더 큰 어리석음이 어디 있겠습니까?

어리석은 이는 악행으로
고통을 받으나
현명한 이들은 선행으로
행복을 누리네.

24

만일 이것을 알면서도
어리석어 게으름을 피운다면
염라대왕의 사자들에게 끌려가
오랫동안 큰 고통을 받게 될 것입니다.

언제 어디서나
지금 나의 숨이
마지막이 될 수 있는데
어떻게 게으름 피우랴!

25

그렇게 오랫동안 제 몸이
견딜 수 없는 지옥의 불 속에서 탈 때
제 마음도 똑같이
끝없는 회한의 불 속에서 탈 것입니다.

후회 없이 사는 길은
언제 죽어도 후회하지 않게
최선을 다해
매순간을 사는 것

26

어떻게 하다 매우 얻기 어려운
선도(善道)에서 태어났지만
이것을 알면서도 또다시 저는
같은 지옥으로 이끌려 가고 있습니다.

윤회의 원인들 :
번뇌(煩惱), 무지(無知),
업장(業障), 습(習)

27

마치 마술에 걸려 혼미한 사람처럼
저는 이 문제에 대해 마음대로 할 수 없습니다.
뭣 때문에 제가 어쩔 줄 모를까요?
도대체 무엇이 제 안에 있는 것입니까?

언제나 맑은 마음으로
깨어있으라,
살아있을 때도
죽어가고 있을 때도!

28

탐욕과 미움 같은 적은
팔과 다리 등이 없고
용기도 지혜도 없는데
어떻게 저를 노예로 만들까요?

여섯 가지 근본 번뇌(煩惱) :
탐욕, 미움, 무지,
자만, 의심, 악견(그릇된 견해)

29

이들이 제 마음속에 자리 잡고

저를 망치고 있는데도

저는 화도 내지 않고 참고 있으니

이 얼마나 수치스러운 일입니까?

번뇌는 무한한
고통의 원인

30

모든 신들과 사람들이

저의 적이라 해도

그들은 저를 무간지옥의

불 속에 처넣을 수가 없습니다.

언제나
가장 무서운 건
내부의 적!

31

그러나 번뇌라는 이 막강한 적은

한 순간에 저를 그 불 속에 던져 넣을 수

있습니다, 산 가운데 왕인 수미산도 다 태워

버리고 재도 남기지 않을 그 불 속으로.

32

번뇌만큼 오래 살아남은 적은

아무것도 없습니다.

시작도 없이 끝도 없이

그것은 오래 갑니다.

완전한 자유를
얻을 때까지
우린 모두
노예!

33

모든 외부의 적은 친절하게 대하면
호의를 보이는데
이들 내부의 적은 떠받들면 오히려
더욱더 고통을 줍니다.

번뇌는 호의를 몰라

34

이토록 오랫동안 죽지 않고
끝없이 고통만 가져오는 적이
겁도 없이 마음속에 있는데 어떻게
제가 윤회의 삶을 기뻐할 수 있겠습니까?

35

이들 윤회의 감옥을 지키면서 또한
지옥에서 처형과 고문을 맡는 자들이
제 마음속 탐욕의 우리에 남아있는데
어떻게 제가 행복할 수 있겠습니까?

번뇌는 윤회의 옥졸(獄卒)

36

자존심이 강한 사람들은 누가 작은 해만 끼쳐도
적을 물리치기 전엔 잠도 자지 못하는데
번뇌라는 막강한 적을 물리쳐야 하는 제가
어떻게 도중에 포기할 수 있겠습니까?

37

격렬한 전투에 참가한 병사들은
그냥 둬도 죽을 적을 물리치기 위해
목적을 이루지 않고는 돌아서지 않습니다,
온갖 부상의 고통을 무시하고

사람은 그냥 둬도
언젠간 죽지만
번뇌는 그냥 두면
죽지 않는답니다.

38

저의 모든 불행의 원천인
천적(天敵) 번뇌를 물리치려는 제가
여러 가지 어려움에 부딪쳤다고
어떻게 절망할 수 있겠습니까?

번뇌는 우리의 천적

39

병사들은 적에게서 입은 상처를
훈장처럼 과시하는데,
위대한 목적을 이루기 위해 노력하는 제가
어떻게 고통을 견디지 못하겠습니까?

고통도 더 큰 기쁨을
위한 길(수행)로 삼으면
기쁨이 됩니다.

40

어부, 도축업자, 농부 같은 이들도 생계를 위해
심한 더위와 추위 같은 고통을 견디는데
모든 중생들의 행복을 위해
어째서 제가 고통을 견디지 못합니까?

41

허공까지 시방(十方)에 거주하는
모든 중생들을 번뇌로부터 해방시키겠다고
제가 약속했지만 저 자신도
번뇌에서 벗어나지 못했습니다.

자신을 다스릴 수 있어야
남들을 도울 수 있는 법

42

자신의 한계도 모르면서 그런 약속을
한 걸 보니 그땐 제정신이 아니었나 봅니다.
그러므로 번뇌를 물리치는 일로부터
저는 결코 돌아설 수 없습니다.

번뇌 속에 살다
번뇌 속에 가는 건
실패한 삶!

43

강한 원한을 품고 저는
끈질기게 번뇌와 싸우겠습니다.
이 원한이 번뇌처럼 보일지 모르나
이것은 번뇌를 파괴하므로 번뇌가 아닙니다.

죽는 순간만이라도
번뇌에서 벗어나면
그건 실패한 삶이 아니네,
그건 성공한 삶이라네.

44

불에 타서 죽는 일이 있더라도
목이 잘려 죽는 일이 있더라도
결코 번뇌라는 적에게
저는 굴복하지 않을 것입니다.

번뇌는 죽음보다
더 무서운 적

45

일반 적은 쫓겨나면 다른 곳에 모여
세력을 모아 돌아오겠지만
번뇌라는 적에게는
그런 수단이 없습니다.

번뇌는 마음이란
하늘의 구름,
지혜의 해 뜨면
저절로 사라지네!

46

마음속에서 쫓겨나면 번뇌는 어디로
가서 머물다가 돌아와 저를 해칠까요?
제가 어리석어 노력하지 않을 뿐, 번뇌는
약해서 지혜의 눈으로 정복할 수 있습니다.

내 마음 빈 하늘엔
구름도 지나가고
폭풍도 지나가고
번개도 번쩍이네!

47

번뇌는 감각의 대상에도 감각의 기관에도
이들 사이에도 다른 어디에도 없습니다.
번뇌는 환영(幻影)일 뿐이니 이제 모든 두려움과
고통에서 벗어나 지혜를 위해 정진(精進)하세요.

세상을 거품으로, 환영으로
보는 이는 염라대왕의
눈에 보이지 않느니라.
— 법구경

48

이렇게 깊이 살펴보았으니 가르침을 따라
수행(修行)하도록 노력하겠습니다.
환자가 의사의 말을 따르지 않으면
어떻게 건강을 회복할 수 있겠습니까?

악마를 악마로 여기면 해를 입고,
악마가 마음속에 있다는 것을 알면
거기서 해방되며, 악마가 헛것이라는
것을 깨달으면 악마는 파괴되네.
— 밀라레파

지계(持戒)와 정지(正知)

마음을 지키려는 분들에게
저는 두 손 모아 당부합니다.
언제나 전력을 다해
억념(憶念)과 정지(正知)를 지키라고.

억념 = 대상을 기억하는 능력
정지 = 알아차리는 능력

마음은 억념으로 장악하고
정지로 지켜야 합니다.

인연의 고리 ─ 세속과 열반, 지혜와 자비, 공(空)과 연기가 하나임을 상징함

1

계(戒)를 지키기 바라는 분들은
열심히 자기 마음을 지켜야 합니다.
불안정한 마음을 지키지 못하면
계를 지키는 것이 불가능하기 때문입니다.

최대의 지계는
끊임없는
정지(正知)다.
— 아티샤

2

이 세상의 코끼리는 아무리 사나워도
우리들을 무간지옥으로 끌고 갈 수 없지만
제멋대로 날뛰는 마음의 코끼리는
그렇게 할 수 있습니다.

3

그러나 마음의 코끼리를 억념이란
밧줄로 단단히 매어 놓으면
모든 두려움이 사라지고
모든 선업이 우리들의 손에 들어옵니다.

마음은 아이,
억념은 어버이
— 아짠 차(Ajahn Chah)

4

호랑이, 사자, 코끼리,
뱀, 온갖 적들, 지옥의 간수,
야차(夜叉)와
나찰(羅刹)들

5

이 마음만 붙잡아 매어 놓으면
이들도 똑같이 붙잡혀 매어지고,
이 마음만 조복(調伏)하면
이들도 모두 똑같이 조복됩니다.

조복(調伏) = 굴복(屈伏)

6

모든 두려움과
한없는 고통이,
부처님께서 말씀하셨듯이
오로지 마음에서 일어나기 때문입니다.

우리가 두려움과 고통이라고
여기는 것에 실제로 두려움과
고통이 있는 게 아니다. 그것
은 우리의 생각일 뿐이다.

7

누가 그토록 부지런히
지옥에 있는 무기들을 만들어 냈습니까?
누가 뜨거운 철판 바닥을 만들었습니까?
어디서 저 여자들은 나왔습니까?

여기에 나오는 여자들은 간통
하려는 과거의 사악한 의도가
만들어내는 사람들인데, 이들은
가시로 덮여 있는 샬말리라고 불리는
큰 나무(지옥의 고문도구로 간주됨)
위와 밑에서 파트너와 간통하고
있다고 합니다.

8

부처님 말씀에 의하면 이것들은
모두 나쁜 마음에서 나온다고 하니
욕계, 색계, 무색계의 삼계에서
마음보다 더 무서운 것은 없습니다.

문제도 마음,
해결도 마음!

9

보시바라밀이 이 세상에
가난을 없애는 것이라면 아직도
세상에 여전히 가난이 남아있는데
과거의 부처님들께서는 어떻게
보시바라밀을 완성하셨을까요?

자기가 어떤 걸 준다는 생각이 없이
주는 것이 보시 바라밀이다.
— 찬드라키르티(Chandrakirti, 月稱)

행위의 주체와 대상과 행위라는
세 가지 관념에서 벗어난 것을 삼륜청정
(三輪淸靜)이라 하고, 이들 관념을 갖고
하는 행위는 오염된 것으로 간주됩니다.

10

보시바라밀이 의미하는 것은 자기가
갖고 있는 것을 모두 중생들에게 주고
아울러 거기서 나오는 과보도 주겠다는
마음의 태도입니다.

보시 바라밀(보시의 완성)의 목적은
외부의 가난을 없애는 것이 아니라
내부의 가난(貪心)을 없애는 것입니다.
그래서 최선의 보시는
무탐(無貪)이라고 합니다.

11

물고기와 같은 것들은 어디로 가져가야
그들을 안전하게 보호해줄 수 있을까요?
그들을 해치지 않기로 마음먹는 것,
이것이 곧 지계바라밀입니다.

세 가지 지계 :
— 해치지 않기
— 공덕 쌓기
— 이타행(利他行)

12

적들이 허공처럼 한이 없는데
어떻게 그들을 모두 정복할 수 있을까요?
성난 마음만 정복하면
모든 적은 정복한거나 마찬가지입니다.

적을 만드는 것도
친구를 만드는 것도
자기 자신의 마음

13

온 세상을 다 덮을 가죽을
어디서 구할 수 있겠습니까?
신발 한 켤레 만들 가죽만 있으면
온 세상을 다 덮을 수 있는데.

계율과 계율을 지키는
사람이 사라질 때
계율은 가장 잘 지켜지네.
— 밀라레파

14

마찬가지로 외부의 일을
억제하려고 애쓸 필요가 있습니까?
자기 자신의 마음만 억제하면
그 밖의 것은 억제할 필요가 없는데.

마음은 대상으로
통하는 문

15

범천(梵天)과 같은 곳에 태어나려면
마음의 안정을 이루어야 합니다.
몸과 말의 행동을 통해서는
그런 결과를 얻을 수 없습니다.

행복과 평화로 가는
길은 없다.
행복과 평화가 바로
그 길이다! — 부처님

16

전지(全知)하신 부처님의 말씀에 의하면
염불과 고행(苦行)을 오랫동안 하더라도
마음이 다른 곳에 있으면
아무 소용이 없다고 합니다.

마음이 안정되어 있어야
마음의 좋은 에너지가
원활하게 흐릅니다.

17

부처님의 가르침의 핵심인
마음을 개발하지 않으면
고통을 없애고 행복을 찾으려 해도
헛되이 헤매게 된다고 합니다.

자신의 마음을 알면 마음 자체가
큰 지혜임을 알게 되어 다른
데서 부처를 찾지 않게 되나니
이것이 우리가 실천할 수 있는
최고의 가르침이다.
— 부처님

18

그러므로 우리는 마음을
잘 다스리고 지켜야 합니다.
마음을 지키지 못하면
다른 수행들이 소용없기 때문입니다.

해탈은 자기 자신을
자기 자신으로부터
해방시키는 것!

19

난폭한 군중 속에 있을 때
몸의 상처를 잘 보호하듯
나쁜 사람들 속에 있을 때는 항상
마음의 상처를 잘 보호해야 합니다.

마음은 육체보다
훨씬 더 섬세하므로
그만큼 더 쉽게
상처를 입는다네.

20

상처에서 나오는 가벼운 통증도 두려워
몸의 상처는 잘 보호하면서
지옥에 떨어뜨릴 수 있는 마음의 상처는
어째서 잘 보호하지 않습니까?

'홧김에'와 같은
마음의 상처가 가져온
끔찍한 비극들을
생각해 보라!

21

이렇게 언제나 마음을 지키면
나쁜 사람들과 함께 있거나
젊은 여자들과 함께 있을 때도
우리의 수행은 후퇴하지 않습니다.

마음은 지켜야 되네,
더 이상
지키지 않아도
될 때까지.

22

저의 재산과 명예가 줄어들고
생계수단과 몸도 줄어들며
그 밖의 모든 것이 줄더라도
제 마음만은 결코 줄지 마소서!

나는 음식과 옷,
명예에 대한 생각을
모두 끊음으로
지혜를 얻었네.
— 밀라레파

23

마음을 지키려는 분들에게
저는 합장하고 당부합니다.
언제나 전력을 다해
억념과 정지를 지키라고.

억념(憶念)≠실념(失念)
정지(正知)≠부정지(不正知)

24

몸에 질병이란 장애를 갖고 있는
사람이 아무 일도 할 수 없듯이,
마음에 무명이란 장애를 갖고 있는
사람은 아무 일도 할 수 없습니다.

억념은 불사(不死)로
가는 길이고,
실념은 죽음으로
가는 길이다.
— 법구경

25

깨진 항아리에
부은 물이 남지 않듯
정지(正知)가 없는 마음에는 듣고
생각하고 명상한 지혜가 남지 않습니다.

삼혜(三慧) :
• 문혜(聞慧)
• 사혜(思慧)
• 수혜(修慧)

26

정지(正知)가 부족하면
많이 배우고 신심(信心)도 있으며
부지런히 정진하더라도
행동에 많은 허물이 생깁니다.

억념 (憶念, mindfulness)
정념 (正念, right mindfulness)
정지 (正知, awareness)

27

부지런히 공덕을 쌓아 왔더라도
억념이 없으면 부정지라는
도둑에게 공덕을 빼앗겨
우리는 악도에 떨어지게 됩니다.

현명한 이들은 억념을
가장 값진 재산으로
보호한다.
— 법구경

28

이들 번뇌라는 도둑들은 기회를
노리다가 기회가 오면 쳐들어 와
우리들의 공덕을 훔쳐가서
우리가 선도에 태어나지 못하게 합니다.

번뇌는 공덕을
훔치는 도둑

29

그러므로 마음의 대문으로부터
억념이 떠나게 해서는 안 됩니다.
악도에서 받을 고통을 생각해서
그것이 떠나면 불러 들여야 합니다.

언제 어디서나
생명을 지키듯
억념을 지켜라!

30

운 좋게 스승님의 가르침을 열심히
따르고 부처님을 공경하며,
악도를 두려워하는 사람들에게는
억념이 쉽게 개발됩니다.

31

부처님들과 보살님들께서는 시방(十方)으로
걸림 없이 모든 것을 보고 계시므로
모든 것은 이분들 앞에 있고
저도 이분들 앞에 있습니다.

부처님 한 분의 활동영역이
우리가 알고 있는 우주
10억 개로 이루어진
방대한 세계랍니다!

32

이런 식으로 생각하면
존경심과 두려움과 부끄러움이 생기고,
자주 우리의 마음속에
부처님에 대한 생각이 떠오릅니다.

세상 사람들은 부끄럽지
않은 것을 부끄러워한다.
참으로 부끄러운 것은
악행과 교활한 거짓말인데.
― 밀라레파

33

억념이 마음의 대문에서
초병으로 자리 잡고 지키면
정지(正知)도 찾아오고, 한번 찾아오면
다시 떠나지 않습니다.

한순간의 완전한 정지(正知)가
한순간의 완전한 해탈이요,
깨달음이다.
— 문수 보살

34

처음에는 언제나 마음을
이런 식으로 유지하고
때때로 마음 상태에 허물을 발견하면
나무토막처럼 가만히 있어야 합니다.

이것은 부정적인 에너지의
폭발을 막을 수 있는
좋은 방법입니다.

35

길을 걸을 때는 쓸데없이
여기 저기 두리번거리지 말고
시선은 명상할 때처럼 아래로 내리고
발을 디딜 땅을 살펴야 합니다.

머리를 들지 말고 숙여라.
머리가 들리면 경망한
헛된 것을 찾게 되느니라.
— 밀라레파

36

눈의 긴장을 풀기 위해
가끔 주위를 둘러보고
누군가 시야에 들어오면
쳐다보며 인사해야 합니다.

몸과 맘은 항상 유연하게
긴장은
자연스런 에너지의
흐름 막아

37

길에 위험한 것이 있는지 알기 위해
잠시 사방을 살펴봐야 합니다.
먼 곳을 볼 때는 걸음을 멈추고, 뒤를
돌아볼 때는 방향을 돌린 뒤에 하십시오.

가끔 네 늙은 아비 밀라는 걷는단다,
그러나 걸으면서 또한 수행한단다.
걷는 것은 부처님의 주위를
도는 것(탑돌이)임을 그는 알고
있기 때문이란다. — 밀라레파

38

앞이나 뒤를 돌아본 뒤에
앞으로 가든지 뒤로 돌아가야 합니다.
마찬가지로 모든 경우에 무엇을 해야
하는지 확인한 뒤에 진행해야 합니다.

참된 수행자에겐
모든 행이 수행!

39

어떤 특별한 자세로 몸을 유지하기 위해
어떤 행동을 시작했을 때는
몸이 어떤 자세로 있는지
가끔 살펴봐야 합니다.

40

사납게 날뛰는 이 마음의 코끼리를
이렇게 전력을 다해 지켜보면서
달마에 대한 명상이라는 거대한 기둥에 매어 놓은
밧줄을 끊고 달아나지 못하게 해야 합니다.

달마 = 부처님의 가르침

41

자기 마음이 지금 어디에 있는지
이런 식으로 끊임없이 조사하여
잠시라도 마음이 선정(禪定)이란 기둥을
떠나지 않게 해야 합니다.

42

위험에 처했거나 축제 때와 같은
그렇게 할 수 없는 때는 안 해도 됩니다.
경전의 가르침에 보시할 때는
계율을 지키지 않아도 됩니다.

계율을 어기는 것이
많은 중생들에게 오히려 더
유익한 경우에는 그렇게
해도 된다는 말입니다.

43

어떤 것을 하기로 작정하고 시작했을 때는
마음을 거기에 집중하여
그것이 끝날 때까지
밀고 나가야 합니다.

One thing
at a time
한 번에
한 가지!

44

이렇게 하면 모든 것이 잘 되지만
달리해서는 이것도 저것도 되지 않고,
게다가, 그렇게 되면
부정지라는 번뇌도 늘어납니다.

어떤 두가지 사물도
같은 시간에
같은 공간을
차지하지 못한다.

45

흔히 볼 수 있는 쓸데없는 말이나
여러 가지 재미있는 일이 벌어지면
거기에 가담하고 싶은 욕망을
억제해야 합니다.

좋은 생각은 나쁜 생각과
동시에 일어날 수 없으므로
좋은 생각을 많이 하면
나쁜 생각은 줄어듭니다.

46

이유 없이 땅을 파고 풀을 뜯거나
땅바닥에 그림을 그리는 등을 하면
부처님의 가르침을 기억하고
즉각 이런 행동을 그만 둬야 합니다.

억념을 잃고
무심코 하는 행동, 그건
너무도 무서운 결과를
가져올 수 있습니다!

47

이리저리 돌아다니거나
어떤 말을 하고 싶을 때는
먼저 자신의 마음을 조사해서 안정된
마음으로 적절하게 행동해야 합니다.

48

마음속에 애착이나
미움이 일어나면
아무 행동도 말도 하지 말고
나무토막처럼 가만히 있어야 합니다.

무애착, 무집착, 무맹목 —
이들 셋이 마음의 방패라네.
이들은 가볍고 튼튼하니
그대가 구해야 할 방패라네.
— 밀라레파

49

자신이 오만하거나 잘난 척하거나
남들을 조롱하거나 헐뜯거나
책임을 회피하거나
남들을 속이려 할 때

남을 기분 나쁘게 만들어서
자신을 기분 좋게 만들려는
사람은 참으로 어리석은
사람입니다.

50

자기 자신을 추켜세우고
남들을 깎아내리려 하거나
남들을 해치거나 이간질하는 말을 할 때는
나무토막처럼 가만히 있어야 합니다.

입으로 짓는 악행 :
거짓말, 이간질하는 말,
험한 말, 잡담

51

물질적인 이득을 바라거나
사람들의 존경이나 명예를 원하거나
시중들어 줄 사람과 시중을 바랄 때는
나무토막처럼 가만히 있어야 합니다.

이런 식으로
일단 멈추면
부정적인 에너지의 폭발을
막을 수 있습니다.

52

남들이 이익을 얻는 것은 싫어하고
자기 자신만 얻으려고 할 때,
자기 얘기 들어줄 사람들을 바랄 때는
나무토막처럼 가만히 있어야 합니다.

일단 멈추면
마음의 안정을
얻을 수 있는
여유 공간이 생깁니다.

53

안달하고, 나태하고, 용기 없고,
뻔뻔하거나, 상스러운 말을 할 때,
자기에게 유리하게 편파적일 때는
나무토막처럼 가만히 있어야 합니다.

끊임없이 마음을
지키는 사람은
좋지 않은 행동을
할 수가 없다.

54

마음이 번뇌에 물들어 있거나
쓸데없는 활동에 빠져있다는 것을
이런 식으로 알아차리고 적절한 대응책을
이용해 마음을 억제해야 합니다.

여럿이 있을 때는
그대의 말을 조사하고
혼자 있을 때는
그대의 마음을 조사하라.
— 아티샤

55

단호하게, 자신 있게, 꾸준하게,
공경하며, 예의바르고 겸손하게,
온화하고 차분하게
남들의 행복을 위해 헌신하십시오.

56

어리석은 사람들이 바라는 것이 상충한다고
낙담해서는 안 됩니다.
그것들은 번뇌에서 나오는 것이므로
이해심을 갖고 그들을 자비롭게 대해야 합니다.

어리석어 고통받는
이들에게 필요한 것은
그대의 넓은 이해와
부드러운 자비의 손길

57

자기 자신을 생각하지 말고
남들을 위해 오로지 선행(善行)만 하며
모든 것이 환영(幻影)과 같다고 생각하여
마음속에 번뇌가 일어나지 않게 해야 합니다.

모든 것은 환영(幻影)!

58

이렇게 귀중한 인간의 삶을 얻는 데에
얼마나 오랜 시간이 걸렸는지 항상
기억하며 언제나 마음을 수미산처럼
흔들리지 않게 유지해야 합니다.

마음의 동요,
그것은 좋은 섬세한
에너지의 흐름을
방해합니다.

59

오, 마음이여, 죽음이 그대의 몸을
빼앗아 갈 때는
그걸 지키지 못하는데
어째서 지금 그토록 지키려 하는가?

60

오, 마음이여, 그대 어째서 이 몸을
보호하는가, 마치 이게 그대 자신인 양?
이건 실제로 그대와 별개의 존재인데
그대에게 무슨 소용이 있겠는가?

모든 게 그림자,
잡을 수 없거늘
무엇을 잡으려
그렇게 애쓰나?

61

어리석은 마음이여, 그대 어째서
이 나무 조각상은 깨끗한데도
집착하지 않으면서 오물 덩어리,
악취 나는 이 몸뚱이에게는 집착하는가?

62

먼저, 마음속으로
이 몸뚱이에게서 피부껍질을 벗기고,
다음에 지혜의 칼로
뼈에게서 살을 벗겨보라.

지혜의 칼로 = 마음속으로

63

그리고 뼈를 깨뜨려 놓고
골수 내부까지 살펴보라.
여기 어디에 실체가 있는지
그대 자신이 조사해보라.

64

아무리 열심히 찾아봐도
그대는 아무 실체도 찾지 못할 것이다.
그렇다면 어째서 아직도
이 몸에 그토록 집착하는가?

가장 좋은 약은
모든 것이 공(空)
하다는 약이다.
— 아티샤

65

이 몸은 불결하여 먹을 수 없고,
피도 마시기에 적합하지 않으며,
내장도 빨아 먹을 수 없는데,
이 몸을 어떻게 하려는가?

66

어쩌면 우리가 우리의 몸을 보호하는 것은
나중에 독수리와 자칼에게 먹이로 주거나
아니면 중생들의 행복을 위한 행동의
도구로 사용하는 것인지 모릅니다.

67

그러나 우리가 이것을 다른 목적을 위해
보호하더라도 무자비한 죽음이 빼앗아가서
독수리들에게 던져 줄 때
우리가 무엇을 할 수 있겠는가?

죽음은 언제나
우리와 자리를
함께 한다!

68

우리를 위해 일을 하지 않는 하인에게는
옷과 같은 것을 주지 않는 법인데,
어째서 이 몸을 잘 먹이려 하는가?
그가 섬기는 주인은 딴 곳에 있는데.

이 몸의
주인은
누구인고?

69

그대의 몸에 임금(賃金)을 주는 대신에
그것이 그대와 남들을 위해 봉사하게 하라.
그러나 그에게 모든 걸 주지는 마라,
그가 가져오는 이익은 완전하지 않으니까.

70

그대의 몸을 나룻배로 생각하라,
그것은 단지 오고 가는 수단이니까.
중생들의 행복을 위해
이 배의 진로를 잡고 지휘하라.

해탈을 염원하는 이들에겐
이 몸이 자유의 축복의 그릇이나,
악행을 일삼는 이들에겐
악도로 떨어뜨리는 사슬이네.
— 밀라레파

71

이렇게 자제력을 갖게 되면
얼굴엔 언제나 미소를 띠고,
찡그린 표정과 화난 표정을 버리며,
온 세상 사람들에게 먼저 인사하고 친구가 되라.

금생은 위로 오르거나
아래로 내려가는
사닥다리니라.
— 밀라레파

7

의자와 그 밖의 가구들을 내려놓을 때에
시끄러운 소리가 나지 않게 하고
문도 쾅쾅 두드리지 말며,
항상 조용한 것을 기뻐하라.

고요는 평화와
축복의 터전

73

두루미나 고양이, 도둑은
소리를 내지 않고 조심스레 움직이며
자기들이 원하는 것을 얻는다.
우리도 항상 그렇게 움직여야 한다.

내 유일한 재산이었던
질그릇 깨어져
이제 내 스승 되어
무상을 가르쳐주네.
— 밀라레파

74

남들을 잘 이끌어 주는 사람의 충고는
비록 충고해 달라고 부탁하지 않았더라도,
존경하는 마음으로 받아 들여야 한다.
우리는 언제나 누구에게서나 배워야 한다.

모든 것이 나의 스승이니,
내게 수시로 찾아오는 건
깨달음의 기쁨이란
손님이네!

75

누가 좋은 말을 하는 것을 들으면
감사하다고 말하고,
누가 좋은 일을 하는 것을 보면,
칭찬으로 격려하라.

76

다른 사람들의 좋은 점이 칭찬받는 것을 보면
자기도 함께 칭찬하며 기뻐하고,
자기가 칭찬받을 때는
자만하지 말고 그런 점이 있는지 생각해보라.

전 받은 게 너무 많아
못 받은 걸 생각할
시간이 없답니다.
— 헬런 켈러

77

우리들의 모든 행동은
남들의 행복을 위한 것이어야 합니다.
그래야 고귀한 행동에서 나오는
순수한 기쁨과 행복을 누릴 수 있습니다.

순수는 축복의 터전

78

이렇게 하면 금생에서도 행복하고
내생에서는 더 큰 행복을 얻지만
이렇게 하지 않으면 금생에서도 불행하고
내생에서는 더 큰 불행을 얻습니다.

79

말을 할 때 부드럽고 온화한 목소리로
진지하게 조리 있게 분명하게 하며
듣는 이의 마음도 귀도 즐겁게
자비로운 마음으로 하십시오.

부드러움은
자비로움

80

다른 사람을 볼 때마다 우리가
부처님의 깨달음에 도달할 수 있는 것은
이들 중생들 덕분이라 생각하고
그들을 자비심으로 바라보십시오.

모든 중생들을
어머니로 생각하면
자비심은
절로 생겨

81

큰 축복은 세 가지 복전(福田)에서 나오나니
공덕의 복전과 은혜의 복전에 헌신하고
고통의 복전인 고통 받는 이들에게 공(空)을
가르쳐 고통에서 벗어나게 해주는 것입니다.

공덕의 복전 = 삼보(三寶)
은혜의 복전 = 부모님과 같은
은인들
고통의 복전 = 고통 받는 중생

82

부처님의 가르침을 제대로 수행하려면
그것을 분명하게 이해하고
깊은 신심이 있어야 합니다.
그러면 남에게 의지하지 않아도 됩니다.

음식을 먹을 때
첫술은 삼보에,
둘째는 은인들께,
셋째는 중생들께 공양을!

83

보시 등의 육바라밀은 단계적으로 높아집니다.
더 높은 바라밀을 더 낮은 바라밀을 위해
버려서는 안 됩니다, 그것이 정해진
계율에 맞는 경우를 제외하고.

어리석은 이들은
'금전'(돈밭)을 경작하고,
지혜로운 이들은
복전(복밭)을 경작하네.

84

이것을 깨닫고 우리는 언제나
다른 사람들을 위해 노력해야 합니다.
멀리 내다보시는 부처님께서는 중생들을
위해서는 금지된 것도 허락하셨습니다.

85

음식은 어려운 이들과 자신을 돌볼 능력이
없는 사람들과 수행자들에게 나누어주고
자신은 적은 양만 먹고, 옷 세 벌 외에
모든 것은 남들에게 줘야 합니다.

여유 공간은 축복의 공간
음식은 자기 양의 70%가
이상적인 양.
모든 활동에 여유를!

86

우리의 몸은 성스러운 가르침을 실천할 도구이니
사소한 이익을 위해 해쳐서는 안 됩니다.
이것은 우리가 중생들의 소원을 빨리 성취해
줄 수 있는 유일한 길이기 때문입니다.

먹을 때는 텅 빈
마음으로 먹을지니
이것이 집착 없이
먹는 법이라네.
— 밀라레파

87

청정한 자비심과 지혜가 없는 분들은
자기 몸을 보시해서는 안 됩니다.
금생과 내생의 최고의 목적을 위해
우리는 우리의 몸을 사용해야 합니다.

최고의 목적 = 성불(成佛)

88

성스러운 부처님의 가르침을 설하지 말아야 할
대상은 불경한 사람, 건강한데 환자처럼 머리에
터번을 쓴 사람, 우산이나 막대기, 무기를 들고
있는 사람과 머리를 베일로 가린 사람입니다.

89

가르침을 받아들일 마음이 준비되어 있지 않은
사람들과 남자를 동반하지 않은 여자들에게도 법을
설하지 말고, 소승과 대승의 가르침에 대하여
똑같이 존중하는 태도를 보여야 합니다.

90

대승의 가르침을 받고 싶어 하는 사람을
소승으로 인도하지 말고,
보살의 처신에 어긋나게 그들을
경전과 진언으로 유혹해서는 안 됩니다.

유혹은 미혹(迷惑)의
바람이니
공(空)의 지혜로
날려버리게!

91

남들 앞에서 이쑤시개나
가래를 뱉지 말고,
남들이 사용하는 우물이나 땅을
오줌 등으로 더럽히지 말아야 합니다.

온 세상이 모두
'나'의 몸인데
어딜 더럽히려
하는가?

92

음식을 먹을 때에는 음식물을 입에 가득 채우거나
소리를 내거나 입을 많이 벌리지 말아야 합니다.
앉을 때는 두 다리를 쭉 뻗지 말고
쓸데없이 두 손을 함께 비벼서는 안 됩니다.

"이 음식 어디서 왔는고?
내 덕행으론 받기 부끄럽네.
욕심 버리고 몸을 지탱할
약으로 알고 수행을 위해
이 공양을 받는다네."

93

남의 아내와 단둘이 여행하거나
누워 있거나 앉아 있어서는 안 됩니다.
무엇이 사람들을 불쾌하게 만드는지
관찰하고 물어보아 그렇게 하지 말아야 합니다.

자신에게
불쾌한 건
남에게도
불쾌한 법

94

어떤 해야 할 일을 가리킬 때에는
한 손가락으로 하지 말고
오른 손 전체로
공경하는 태도로 해야 합니다.

공경은
축복으로
가는 길

95

어떤 작은 급한 일이 있을 때에 흥분하여
두 팔을 흔들면서 누군가에게 소리치지 말고,
손가락 같은 것을 튕겨서 신호를 보내야 합니다.
그렇지 않으면 마음의 안정을 잃게 됩니다.

96

누워 잘 때에는 부처님께서 열반하신
사자자세와, 방향(오른쪽)을 취하고,
잠이 들기 전에, 정지로써 , 일찍
일어나겠다고 단호하게 결심해야 합니다.

잠잘 때도
억념과 정지
죽을 때도
억념과 정지!

97

경전에 설해져 있듯이
보살의 수행은 한이 없습니다.
먼저 마음을 정화하는
수행을 해야 합니다.

정화와 축복의 진언 :
"옴·아·훔"
"옴·아·훔"
"옴·아·훔"

98

날마다 낮과 밤에 세 번씩
보살은 삼취경을 독송해야 합니다.
그렇게 해서 부처님과 보살님들에게
의지함으로써 남은 죄업이 정화됩니다.

악업이 정화되면
축복의 에너지는
저절로
들어오네!

99

자의로든 타의로든
우리가 어떤 상황에 놓이게 되면
우리는 그 상황에 맞는 수행에
부지런히 정진해야 합니다.

모든 것을
수행으로

100

보살들이 배울 수 없는 것은
아무것도 없습니다.
이런 식으로 행동하는 선량한 사람들에게는
공덕이 안 되는 행동은 아무것도 없습니다.

지혜로운 이들에겐
모든 것이 스승,
모든 행이 공덕!

101

직접적으로든지 간접적으로든지,
중생들에게 이익이 되는 일만 하고,
오로지 그들의 이익을 위해 깨달음으로
모든 것을 회향해야 합니다.

"제가 오늘 ~ 로
이룬 공덕을
모든 중생들의 깨달음을
위해 회향합니다."

102

대승의 가르침에 정통하고
보살도를 수행하시는 우리의 선지식,
법사님을 우리는 목숨을 잃는 한이 있더라도,
결코 버려서는 안 됩니다.

103

화엄경의 덕생동자 해탈법문에 설해진 대로
법사님들에게 의지하는 법을 익혀야 합니다.
부처님의 이 충고와 다른 충고에 대해서는
대승경전을 독송하면 알 수 있습니다.

'나모 구루비아'
NAMO GURUBIA
법사님께 귀의합니다.

104

이 수행의 원칙들은 경전에 설해져 있으므로
우리는 경전을 독송해야 합니다, 그리고
허공장경에 설해져 있는 보살의
근본파계에 대해 공부해야 합니다.

105

대승집보살학론은 반드시 여러 번
읽어 봐야 합니다, 여기에는
우리가 항상 수행해야 할 내용이
자세히 설해져 있기 때문입니다.

알고 싶은 마음
있으면 궁금한 건
언젠간 알게 된다.

106

번갈아가면서 집경론은 간단히 살펴보고,
다음에는, 성(聖) 용수보살님께서 지으신
집경론과 대승집보살학론은
매우 주의 깊게 읽어 보아야 합니다.

107

부처님의 가르침이 무엇을 금지하고,
무엇을 권장하는지 살펴보고,
이들 가르침을 철저히 수행하여
중생들의 마음을 보호해야 합니다.

달마(dharma)는
중생의 보호자

108

간단히 말해,
정지가 의미하는 것은
우리가 몸과 마음의 상태를
항상 살펴보는 것입니다.

정지(正知) = 경계

109

우리는 가르침을 몸으로 실천해야 합니다.
그것을 읽기만 하면 무슨 도움이 되겠습니까?
치료에 관해 읽기만 하면
무슨 도움을 얻을 수 있겠습니까?

불교의 가장
깊은 가르침은
실천이라네.
— 밀라레파

행위와 행위자가 사라질 때
모든 행위는
바른 행위가 된다네.
— 밀라레파

인욕(忍辱)바라밀

= 초월적 인욕

분노보다 더 큰 죄악이 없고
인욕보다 더 큰 수행이 없으므로
우리는 여러 가지 방법을 통해
참는 법을 열심히 익혀야 합니다.

분노는 삼악도에
떨어지는 원인이니
목숨을 잃는 한이 있어도
화내지 말아야 하네.
-밀라레파

보물 병 — 불로장생의 감로수와 같은 부처님의 가르침 상징

1

보시와 부처님들께 올리는 공양 등을 통해
수천 겁 동안 쌓아온
모든 공덕이 단 한순간의
분노로 파괴될 수 있습니다.

공덕을 파괴하는 네 가지 원인 :
• 중생들을 위한 깨달음에 회향하지 않는 것
• 분노
• 후회(자신이 한 선행을 부분적으로라도)
• 선행을 남들에게 자랑하는 것

2

분노보다 더 큰 죄악은 없고,
인욕보다 더 큰 수행은 없습니다.
그러므로 우리는 여러 가지 방법을 통해
참는 법을 열심히 익혀야 합니다.

깨달음을 위해 회향한 공덕은
분노로 파괴되지 않는다고
합니다. 그러므로 공덕을 지은
뒤에는 반드시 회향해야 합니다.

3

마음속에 미움의 화살이 꽂혀 있으면
우리는 마음의 평정을 잃게 되고,
기쁨이나 행복을 얻지 못하며,
불안하여 잠도 자지 못합니다.

염산이 용기를 파괴하듯
미움은 마음을 파괴하네!

4

주인이 자기들에게
재물과 명예로 보상해 주더라도
화를 잘 내면 미운 생각이 생겨
하인들은 그를 해치고 싶어 합니다.

유유상종이니
한 마음속의 화(火)는
다른 마음속에 불을 붙여
화(禍)만 부를 뿐이네!

5

화를 잘 내는 사람은 친구들조차 피합니다.
사람들의 마음을 끌려고 사람들에게
그가 뭘 주어봤자 아무 소용이 없습니다.
화를 잘 내는 사람은 행복할 수 없습니다.

6

화라는 것이 이런 고통을 가져오는
적이라는 것을 깨달아서
물리치려고 계속해서 노력하는 사람들은
금생에서도 내생에서도 행복합니다.

화를 극복하는 방법 :
• 화의 허물들에 대한 분석
• 화의 원인 파악, 제거
  (근본 원인 : 자기 집착)

7

하고 싶지 않은 것을 해야 하거나
하고 싶은 것을 못하게 되면
우리 마음속에 불만이 생기는데,
이것이 우리를 분노와 파괴로 이끕니다.

만족이 최고의 재산

8

그러므로 우리는 불만이 마음속에서
화를 키우도록 내버려 둬서는 안 됩니다,
분노라는 우리들의 적이 하는 일은
우리에게 해를 끼치는 것뿐이니까요.

기대는 그대의 욕심,
비워 버리면
불만은 생기지 않네!

9

무슨 일이 벌어져도 결코 그로 인해
마음의 행복이 흔들리게 해서는 안 됩니다.
마음이 불행하면 수행의 뜻을 이룰 수 없고
선행도 떨어지게 되기 때문입니다.

마음의 행복은
모든 성공의 토대

10

문제가 있을 때 해결책이 있으면
낙담할 이유가 있을까요?
만일 해결책이 없으면,
낙담해 보았자 무슨 소용이 있을까요?

지혜로운 이들에게
모든 경험은 깨달음,
기쁨으로 나아가는
디딤돌일 뿐이네!

11

우리들은 사랑하는 사람들과 자기 자신을
위해서는 고통이나 경멸, 욕설이나
불명예를 원치 않으나, 우리가 싫어하는
사람들에게는 그 반대입니다.

중생은 모두가
우리 어머닌데
누굴 좋아하고
누굴 미워하랴!

12

행복은 얻기 어려우나
고통은 얻기 쉬운 법, 하지만
고통을 통해서만 해탈할 수 있나니
오, 마음이여, 확고 부동하라.

고통은 해탈로
가는 문

13

힌두교의 여신 두르가(Durga)를 믿는 사람들은
불에 타거나 칼로 베이는 고통을 쓸데없이
견디는데, 최고의 깨달음을 얻겠다는 사람들이
어째서 이렇게 용기가 없을까요?

쓸데없는 고행은
어리석은 자학!

14

습관을 들여도
쉬워지지 않는 것은 없습니다.
그러므로 작은 고통에 익숙해지면
우리는 큰 고통을 견딜 수 있습니다.

맑은 날은
맑아서 좋고
흐린 날은
흐려서 좋네!

15

모기나 쇠파리에게 물리는 것,
피부에 난 발진,
목마름과 배고픔.
이런 것들은 하찮은 고통이 아닐까요?

수행자는 고통이나
죽음까지 각오하며
질병을 정신적인 성장의
수단으로 사용해야 하네.
— 밀라레파

16

더위나 추위, 바람과 비,
여행과 질병, 감금과 구타.
이런 것들을 참지 못하면 안 됩니다.
못 참으면 고통만 더 심해지니까요.

마음의 고통은
참으면 중단되나
참지 않으면 증가하네.

17

어떤 이들은 자신의 피를 보면
더 용감해지는데,
어떤 이들은 남의 피만 봐도
기절까지 합니다.

윤회의 즐거움은 받아들이면서
고통을 받아들이지 못하는 사람들은
여러 가지 어려움을 겪게 되나,
용감하게 고통을 받아들이는 보살은
항상 행복하다. ─ 달마락쉬타

18

이런 반응들은 모두 마음에 달려 있습니다,
그것이 강한지 약한지에.
그러므로 우리는 우리가 겪는 해를 무시하여
우리 자신이 고통을 받지 않게 해야 합니다.

자신을 고통 받게
하는 것도
세상의 고통
더하는 행위!

19

우리들은 어려운 일을 겪을 때마다
분노와 같은 번뇌와 싸우고,
신체적인 고통을 겪을 때마다
지혜롭게 평화로운 마음을 유지해야 합니다.

고통을 고통으로
여기지 않으면
그건 이젠
고통이 아니네!

20

모든 고통을 무시하고 분노와 같은 적을
물리치는 사람들은 '영웅'이란 칭호를 받아 마땅한
진정한 정복자들입니다. 세칭 영웅들이란
이미 죽은 사람들을 죽이는 거나 다름없습니다.

'위대한 영웅[大雄]'
= 부처님

21

고통은 여러 가지 긍정적인 점을 갖고 있습니다.
고통을 겪음으로써 교만심이 없어지고
고통 받는 사람들에 대한 자비심이 일어나며
악을 버리고 선을 좋아하게 됩니다.

질병과 죽음을 사랑함은
악업을 정화하는
축복이네.
— 밀라레파

22

담즙과 같은 무정물(無情物)에게는
그들이 많은 고통을 주어도 화내지 않으면서
어째서 유정물(有情物)들에게는 화를 냅니까?
그들 역시 조건의 지배를 받을 뿐인데.

전통적인 인도의 의학에
의하면 분노는 물론이고
담즙의 과다도 신체의
질병을 일으킨답니다.

23

질병이 우리가 원하지 않아도
조건(원인) 때문에 생기듯
분노와 같은 번뇌도
원인 때문에 생기는 것입니다.

24

화를 내겠다고 생각하기 때문에
사람들이 화를 내게 되는 것이 아니고,
화도 자기가 일어나겠다고 생각하기
때문에 일어나는 것이 아닙니다.

무아(無我)에 대한 무지(無知)가
모든 질병의 '일반적인 원인'이고
무아에 대한 무지로 인해 일어나는
탐(貪)·진(瞋)·치(癡)가 '특정한
원인들'이다. — 티베트 의학교재

25

모든 범죄와 악행은
조건 때문에 일어나고
아무것도 원인 없이
일어나는 것은 없습니다.

조건 = 원인(原因)
인(因) = 직접적인 원인(=원인)
연(緣) = 간접적인 원인(=조건)

26

모인 조건에는 고통을 주는
결과를 낳겠다는 생각이 없고
그 결과로 일어난 고통에도 조건
때문에 생겼다는 생각이 없습니다.

조건도 무아
결과도 무아

27

원질(原質)이라고 하는 것도
자아(自我)라고 하는 것도
일어나겠다고 생각해서
일어나는 것이 아닙니다.

영원하고 변하지 않는
자아를 제외하고,
모든 것은 원질에 의해
창조 된다.
— 상카(수론) 학파

28

원질이 독립적으로 존재한다면
그것은 아무것도 만들어낼 수 없을 테고,
자아가 영원하다면 불쾌한 경험은
유쾌한 경험으로 바꿀 수 없습니다.

아무것도 독립적으로
존재하거나 영원한
것은 없으므로
원질도 자아도 없다.

29

만일 자아가 영원하다면
그것은 허공처럼 아무 활동도 할 수 없을 것입니다.
그리고 그것이 다른 조건들을 만날 수 있더라도,
여전히 그것은 아무것도 할 수 없을 것입니다.

빛나는 마음의 공성(空性)은 해와 달의 빛 같고, 한계나 속성이 없어. 내 아집은 그 속에 녹아 사라지네.
— 밀라레파

30

어떤 행동이 가해져도 자아가 전과 같은 상태로
남아 있다면 행동이 자아에 무슨 영향을 미칩니까?
어떤 다른 것이 자아에 영향을 준다고 주장한다면
자아와 그것이 어떤 관계를 가집니까?

그대가 자아라고 여기는 것은 오랫동안 굳어져온 그대의 공한 생각일 뿐이네.

31

모든 것은 다른 조건들로부터 일어나고, 또
아무것도 독자적으로 일어나는 것은 없습니다.
그러므로 모든 것은 환영과 같아 스스로의 힘으로
활동하는 것이 아닌데, 어떻게 화를 내겠습니까?

연기(緣起) = 의존성 =
독립성 없음 =
공(空)

32

"모든 것이 환영과 같다면, 누가 무엇을 억제합니까?
어떤 억제든지 적절하지 않습니다."
그렇지 않습니다, 모든 것이 다른 것 때문에 일어나기
때문에 우리는 고통이 지속되는 것을 끊을 수 있습니다.

원인 때문에 생기는 것은 원인이 없으면 존재할 수 없으므로 그것은 단지 환영과 같을 뿐인데 어떻게 이렇게 분명한 것을 받아들일 수 없을까? — 나가르주나

33

그러므로 적이나 친구가 그릇된
부적절한 행동을 하는 것을 볼 때
그것이 다른 요인 때문이라고 생각하면
우리는 마음의 안정을 유지할 수 있습니다.

이해는
자비로
가는 길

34

만일 모든 중생들의 소원이 이루어진다면
아무도 고통을 원하지 않으므로
세상에는 고통 받는 이가
아무도 없을 것입니다.

35

그러나 어떤 이들은 조심성이 없어
가시 위에 앉다가 스스로를 해치고,
배우자 등을 얻으려다 화가 나서
단식(斷食) 등을 합니다.

결과를 먼저 생각해보는
지혜가 있다면
고통만 주는 어리석은 행동
아무도 하지 않으리라!

36

또 어떤 이들은 목을 매거나
절벽에서 뛰어내리거나, 독약을 마시거나,
해로운 물질을 섭취하거나
나쁜 행동으로 스스로를 파멸시킵니다.

살생은
재앙과 단명으로
가는 길

37

번뇌에 사로잡힌 사람들은 그토록
소중하게 여기는 자기 자신까지 죽이는데,
어떻게 그들이 남들에게 해를
끼치지 않을 수 있겠습니까?

38

번뇌 때문에 이성을 잃어
자살까지 하는 사람에 대해
자비심은 못 낼 망정
화를 내서야 되겠습니까?

비온 뒤 맑게 갠 날
문득 난 깨달았네,
하늘에 구름 있어
더욱더 아름다움을!

39

남들을 해치는 것이 어리석은 이들의 본성이라면
그들에게 화를 내는 것은 부당한 일입니다,
타는 본성을 갖고 있다고
불에게 화내는 것이 부당하듯이.

경전에 의하면 남이 끼친 해를
참으면 자기가 과거에 저지른
악행의 과보가 소멸된답니다.
— 찬드라키르티(月稱)

40

중생들의 허물이 일시적인 잘못이고,
그들의 본성이 선량하다면,
그들에게 화를 내는 것은 부당합니다, 구름이
끼었다고 하늘에게 화를 내는 것이 부당하듯.

중생들 자신이 부처님들이지만
일시적인 번뇌로 가려져 있을
뿐이다. 일단 번뇌를 씻어내면
그들은 부처님들일 것이다.
— 부처님

41

누가 막대기 같은 것으로 우리를 해치면
우리들은 그것을 휘두른 사람에게 화를 냅니다,
그도 분노에 휘둘린 사람이니
우리가 화내야 할 대상은 바로 분노인데도.

우린 모두
무시이래
우리가 지어온
업의 상속자

42

내가 과거에 남들에게
이런 해를 끼쳤으니
그들이 지금 나에게 해를 끼치는 것은
너무도 당연한 것입니다.

자신의 행복과 불행은
결정하는 것은
바로 무시이래 쌓여온
자기 자신의 생각과 행위

43

그의 막대기와 나의 몸
둘 다 고통의 원인인데,
그는 막대기를, 나는 몸을 갖고 있었는데,
내가 어느 쪽에 화를 내야 합니까?

44

자신의 탐욕으로 눈이 멀어 닿기만 해도
견딜 수 없는 종기 같은 인간의 몸을 얻었는데,
이것이 고통을 받을 때
우리가 누구에게 화를 내야 합니까?

탐욕은 눈을 멀게 하나,
무욕은 눈을 뜨게 하네.

45

어리석기 때문에 우리들은 고통은
안 좋아하면서 고통의 원인은 좋아합니다.
고통이 우리들 자신의 잘못으로 일어나는데,
어째서 우리가 남들에게 화를 냅니까?

자신을 불행하게
만드는 것도
자기 자신!

46

지옥의 옥졸들과 칼산 숲 등에서
우리가 받는 고통은 모두
우리의 행동의 결과로 받는 것인데,
우리가 누구에게 화를 냅니까?

자신을 행복하게
만드는 것도
자기 자신!

47

우리들을 해치는 이들은 우리의 악업에
이끌려서 그렇게 하는데도,
지옥에 가는 것은 그들이니,
그들을 해치는 것은 우리들 아닙니까?

48

그들 덕분에, 우리는 인내함으로써
많은 악업을 정화할 수 있지만,
우리 때문에 그들은 지옥에 가서
오랫동안 고통을 받게 됩니다.

인내는
악업을 정화하는
축복의 에너지

49

그러므로 내가 그들의 가해자이고
그들은 나의 은인들인데,
비뚤어진 마음이여,
어째서 그대는 그들에게 화를 내는가?

지혜의 눈으로 보면
모두가 스승이고
모두가 은인이니
고마울 뿐이네!

50

우리에게 인내심이 있으면
우리들은 자신의 고통을 면할 것입니다.
그러나 우리는 우리들 자신을 구제하지만
우리의 적들은 어떻게 됩니까?

51

우리가 그들이 끼친 해를 해로 갚는다면
그들은 결코 구제받지 못할 테고,
우리의 모든 선행도 손상되고,
인욕수행도 허물어질 것입니다.

자신의 마음을
해칠 수 있는 것도
자신의 마음뿐이고,

52

마음은 물질이 아니기 때문에
아무도 그것을 해칠 수 없습니다.
그러나 마음은 몸에 집착하기 때문에 몸이
고통을 받으면 마음도 고통을 받습니다.

자신의 마음을
구할 수 있는 것도
자신의 마음뿐이네.

53

경멸과 욕설과

불쾌한 말은

우리의 몸에 해를 끼치지 않는데,

어째서, 마음이여, 그대는 화를 내는가?

불쾌한 말을 들으면
재빨리 메아리 소리를 생각하고,
몸이 상처를 입으면
자신의 전생의 업을 생각하라.
— 돔뙌빠

54

남들이 나를 경멸하더라도

나는 금생에서나 내생에서

해를 입지 않는데,

어째서 나는 그토록 싫어할까요?

어느 날 난 깨달았네,
독설에는 독이 없고
찬사에는 칭찬이
없다는 것을!

55

아마 우리가 그것을 싫어하는 것은

그것이 우리가 재물을 얻는데 방해가 되기

때문일지 모릅니다.

그러나 우리가 죽을 때 모든 재산은 남겨두고

우리가 지은 악업은 우리와 동행할 것입니다.

모든 말은 빈 계곡의
메아리 같아 난 애착도
반감도 갖지 않아
모든 애착과 반감 사라졌네.
— 밀라레파

56

악업을 지으면서 오랫동안 사는 것보다

오늘 죽는 것이 더 나을지 모릅니다,

우리가 오래 산다고 해도

같은 죽음의 고통이 기다리고 있으니까요.

57

어떤 이는 꿈속에서 백 년 동안
행복하게 살다 깨어나고,
어떤 이는 꿈속에서 잠시 동안
행복하게 살다 깨어납니다.

길든 짧든
모든 건
꿈이네,
꿈이야!

58

깨어나면 이들 둘의 행복은
끝이 나고 다시 돌아오지 않습니다.
마찬가지로 죽을 때가 돌아오면
짧든 길든 우리의 삶도 끝이 납니다.

59

우리가 많은 재산을 모아
오랫동안 많은 즐거움을 누렸더라도
도둑들에게 모두 빼앗긴 것처럼
우리는 빈손에 알몸으로 떠나야 합니다.

허공처럼 한없는
우리의 마음 하늘
어떻게 물질로
채울 수 있으랴!

60

그래도 재산 덕분에 살아가면서 악업을 정화하고
공덕을 쌓을 수 있다고 생각할지 모릅니다.
그러나 재산을 모으느라 악업을 짓는다면
우리에게 느는 것은 악덕이고, 주는 것은 공덕입니다.

재물과 돈은
풀잎 위의 이슬 같나니
탐욕 내지 말고 베풀게.
— 밀라레파

61

악업만을 짓는 삶이
무슨 의미가 있겠습니까?
악업은 고통의 주된 원인이고
고통은 우리가 버려야 할 중요한 대상인데.

62

우리를 비방하는 사람을 우리가 싫어하는 것이
그가 중생들을 해치기 때문이라면,
그가 남들을 비방할 때는
어째서 우리는 화를 내지 않습니까?

비방도 빈 소리,
메아리도 빈 소리
지나가는 바람,
바람일 뿐이네!

63

사람들이 남을 비방할 때는 참으면서
그들이 우리들을 비방할 때는
우리들은 참지 못합니다,
그들이 그렇게 하는 것은 번뇌 때문인데도.

비방하고 모욕하는 소리 들으면
자신을 지켜보며 깨어 있을지니
거슬리는 소리는 다만
귀속임에 지나지 않네.
— 밀라레빠

64

불법과 불상과 탑을
헐뜯고 훼손하는 이들에게
화내는 것은 부당합니다, 부처님들은
해를 입지 않기 때문입니다.

'정당한' 분노도 정당화
될 수 없습니다. 그것은
안정을 무너뜨리기
때문입니다.

65

우리의 스승님들과 친척, 친구들이
해를 입는 경우에도 그것이
원인들 때문에 일어난 것으로 생각하여
우리는 화를 억제해야 합니다.

66

우리들은 유정물(有情物)과
무정물(無情物)로부터 다 같이 해를 입는데,
어째서 유정물에게만 화를 냅니까?
그러므로 해를 입더라도 참아야 합니다.

유정물(有情物) : 지각이
있는 동물
무정물(無情物) : 지각이
없는 것

67

어떤 이는 무지하여 잘못을 저지르고
어떤 이는 무지하여 화를 내는데,
이들 중 누구의 행동이 허물이 없고
누구의 행동이 허물이 있다고 하겠습니까?

무지가 문제

68

과거에 우리가 무지하여 남에게 해를 끼쳐
지금 남들이 우리에게 해를 끼치므로,
이것은 모두 우리의 업보인데,
어째서 우리가 남들에게 화를 냅니까?

뿌린 대로
거둔다네.

69

이제 이것을 깨달았으니
우리들은 선행을 하며,
누구나 서로 사랑하는 태도를
기르도록 노력해야 합니다.

사랑하는 마음은
축복 받는 마음!

70

어떤 집에 불이 나서
불이 다른 집으로 번질 때
지푸라기같이 불을 번지게 하는 것들을
꺼내서 버려야 합니다.

71

마찬가지로, 마음이 집착 때문에
미움의 불로 탈 때도,
공덕의 몸이 탈 염려가 있으니
즉각 그것을 던져버려야 합니다.

미움의 불이 나면
공덕의 몸이 타네!

72

사형선고를 받은 사람이
한 손만 잘리고 풀려나면 다행이 아닐까요?
마찬가지로 인생의 고통만 겪고
지옥의 고통을 면하면 다행이 아닐까요?

인생의 고통은 심해도
고통과 고통 사이 쉴 수
있는 시간이 있지만, 무간
지옥에는 그런 틈도 없네.

73

비교적 작은 금생의 고통조차
견딜 수 없다면,
내생에 지옥에서 큰 고통을 받게 하는
분노를 어째서 던져버리지 않습니까?

분노는 삼악도에
떨어지는 원인이니
목숨을 잃는 한이 있어도
화내지 말아야 하네.
— 밀라레파

74

이렇게 오로지 분노 때문에
우리는 수천 번 지옥의 고통을 겪었으나,
그것이 우리들 자신에게나 남들에게
가져온 이익은 아무것도 없습니다.

화를 잘 내는 사람은
명심해야 하리,
지옥에서 고통수업이
기다리고 있다는 것을!

75

그러나 남들을 위해 우리가 겪는 고통은 거기서
나올 이득에 비하면 아무것도 아닙니다.
이 고통이 윤회하는 중생들의 고통을 쫓아주는데
어떻게 우리가 기뻐하지 않을 수 있겠습니까?

더 작은 행복을 버려서
더 큰 행복을 얻을 수 있다면
현인은 더 작은 것을 버려서
더 큰 것을 얻을 것입니다.
— 법구경

76

어떤 이가 좋은 점을 갖고 있어
남들이 칭찬하여 기뻐하면,
우리도 마찬가지로
칭찬하며 기뻐해야 합니다.

77

기뻐하는 데서 나오는 이 기쁨은
나무랄 데 없는 행복의 원천이므로
부처님들께서도 금하지 않으시고,
이것은 또 남들을 끄는 최고의 방법입니다.

기뻐하는 것은
기쁨으로 가는 길

78

남들의 행복에 관심이 없으며
그들의 행복을 바라지 않는 사람들은 자기들을
위해 일하는 사람들에게 임금을 주지 않아
금생과 내생에서 혜택을 받지 못할 것입니다.

완전한 행복은
남들도 행복하고
자기도 행복하며
모두가 행복한 것

79

자신의 좋은 점이 칭찬받을 때는
남들이 기뻐해 주길 바라면서,
남들의 좋은 점이 칭찬받을 때는
우리는 기뻐하는 데에 너무 인색합니다.

'너'도 너에게는 '나'고
'나'도 너에게는 '너'니
'너'가 '나'고
'나'가 '너'네.

80

그대는 중생들의 행복을 위해
보리심을 일으켜 놓고,
그들이 좀 행복해졌는데
어째서 기뻐하지 않습니까?

'그들'도 그들에게는 '우리들'이고
'우리들'도 그들에게는 '그들'이니
'그들'이 '우리들'이고
'우리들'이 '그들'이네.

81

만일 모든 중생들이 깨달음을 얻어 삼계에서
예경 받는 것을 그대가 진정으로 바란다면,
그들이 받는 하찮은 존경을 보고
어째서 그대는 그렇게 괴로워합니까?

삼계(三界) :
• 욕계(欲界) : 탐욕이 지배하는 세계
• 색계(色界) : 형상에 얽매여 있는 세계
• 무색계(無色界) : 선정(禪定)의 세계

82

그대가 양육해야 할 누군가가
스스로 생계를 꾸려 갈 수 있게 될 때
그대는 기뻐하지 않고
오히려 화를 내고 있군요!

남들이 잘 되면
우리들도 잘 되고
우리들이 잘 되면
남들도 잘 되네.

83

중생들을 위해 이것조차 바라지 않는다면
어떻게 그들이 깨달음을 얻기를 바랄 수 있겠습니까?
보리심을 갖고 있는 이가 어떻게
남들이 잘 되는 걸 보고 화낼 수 있겠습니까?

84

누군가가 그 보시를 받지 않았다면
그것은 보시하려던 사람의 집에 남아 있을 것입니다.
어느 경우든 그것은 그대의 것이 아닌데,
그걸 주든 안 주든 무슨 상관입니까?

85

어째서 우리는 화를 내어 우리의 공덕과 좋은 점,
우리에 대한 남들의 믿음을 던져버립니까?
화를 내봐야 우리에게나 남들에게 도움이 안 되니,
차라리 화 자체에 대해 화내는 것이 더 낫지 않을까요?

86

그대가 저질러온 악행에 대해
뉘우치지 않는 것도 나쁜데,
어째서 선행을 하는 이들을 질투하여
그것을 더 나쁘게 만들려고 합니까?

지혜로운 이는 묻는다네.
지금 자신의 행동이
자기에게는 물론
남들에게도 유익한지.

87

적이 고통 받기 바라는 것은
악을 낳아 우리들만 해칠 뿐이므로
우리는 적뿐만 아니라 누구에게도
해로운 생각을 일으키지 말아야 합니다.

그대가 좋은 생각을 품으면
그대가 먼저 이득을 보고
남들 또한 이득을 보는데

88

그대의 뜻대로 그대의 적이 고통 받는다고,
어떻게 그것이 그대를 행복하게 하겠는가?
그것이 그대에게 만족을 준다고 말한다면,
이보다 더 나쁜 일이 어디에 있겠습니까?

그대가 나쁜 생각을 품으면
그대가 먼저 손해를 보고
남들 또한 손해를 본다네.

89

그런 생각은 분노와 같은 낚시꾼이 던져놓은
견딜 수 없을 정도로 날카로운 낚시바늘 같아서
한번 걸리면 틀림없이 지옥의 사자들이 끌고 가서
화탕지옥에 집어넣고 삶아 버릴 것입니다.

90

칭찬과 명성과 명예는
공덕이나 수명을 늘려주지 않을 뿐만 아니라,
체력이나 건강에도 도움이 되지 않고
신체적인 안락도 가져다주지 않습니다.

내가 가면
명예도 가지만
내가 지은 공덕은
나와 동행한다네.

91

음주와 도박 같은 일시적인 쾌락은
우리들을 진실로 행복하게 만들지 않습니다.
우리가 인생의 의미를 진정으로 안다면
우리는 그런 것들을 무가치하게 여길 것입니다.

여덟 가지 악행 :
사냥, 도박, 낮잠, 비방,
바람 피우기,
(노래, 춤 등의) 유흥
음주, 유람

92

명예를 위해 사람들은 재물을 주고
때로는 목숨까지도 희생합니다. 그러나
우리가 죽을 때에 명예가 무슨 소용이 있으며,
그것이 누구에게 기쁨을 주겠습니까?

93

사람들은 명예를 잃으면
몹시 괴로워합니다,
자기가 쌓아놓은 모래성이
무너질 때 아이가 괴로워하듯이

94

말에는 의식이 없으므로
그것은 우리들을 칭찬하지 못합니다.
우리들을 기쁘게 하는 것은 우리들을
칭찬하는 사람의 기뻐하는 마음입니다.

칭찬이든 비난이든
말은 소리,
빈 소리일 뿐이네.

95

남들이 누군가에 대해서나
우리에 대해 기뻐한다고 해도 그들의
기쁨은 어디까지나 그들의 것일 뿐,
추호도 우리의 것이 아닙니다.

96

그들이 기뻐할 때 우리도 기뻐한다면,
우리는 모든 경우에 기뻐해야 할 텐데,
어째서 남들이 칭찬을 받아 기뻐할 때
우리는 기뻐하지 않을까요?

좋은 일로 남들이 기뻐할 때
함께 기뻐해주는 것은
이 세상의 행복을
증가하는 행위

97

친구들과 남들이 하는 칭찬에서
기쁨을 찾는 것은
전혀 당치 않는 일,
그것은 매우 유치한 것입니다.

98

칭찬과 같은 것은 마음의 평화와
윤회에 대한 환멸감을 깨뜨리고,
남들의 재능을 부러워하게 하고,
그들의 성공에 분노하게 만듭니다.

환멸감 = 염리심(厭離心)

99

그러므로 우리들 가까이 있으면서
우리들이 칭찬받지 못하게 하는 사람들은
우리들이 악도에 떨어지지 않게
보호해 주는 사람들입니다.

모두가 스승이고
모두가 은인인데
누가 친구고
누가 적이랴?

100

재물과 명예라는 족쇄는 해탈을 구하는
우리들에게는 어울리지 않습니다.
우리들에게 해탈을 가져다주려는 분들에게
어떻게 우리들이 화를 낼 수 있겠습니까?

재물과 명예는
족쇄인데
그래도
탐나는가?

101

우리들이 악도로 들어가려 할 때
우리들에게 축복을 주시는 부처님처럼
그들은 악도로 들어가는 문을 막아주는데
어떻게 우리가 그들에게 화낼 수 있습니까?

고통은 축복의 정화수!

102

수행에 방해가 된다고 주장하며
그들에게 화를 내서는 안 됩니다.
그들을 통해서 우리는 인욕을 수행하는데,
인욕보다 더 좋은 수행은 없기 때문입니다.

모든 걸 유익한 걸로
보지 않는다면
지혜를 수행한들
무슨 소용 있으랴?
— 밀라레파

103

우리가 우리들 자신의 결함 때문에
적에 대해 인욕하지 못한다면
공덕을 쌓는 인욕수행을 막는 것은
우리의 적이 아니라 우리들 자신입니다.

언제나 문제는
자신의 마음,
거기에 떠있는
무명의 구름!

104

적이 우리가 인욕이란 공덕을 쌓는 원인이라면
그가 없으면 수행할 원인이 없고,
그가 있으므로 이 수행을 할 수 있는데,
어떻게 그가 우리의 수행을 방해합니까?

모든 행위 중에 명상하면
힘을 얻을 수 있다네.
모든 것이 그대의 친구가 되면
거대한 힘이 생긴다네.
— 밀라레파

105

구걸하는 이들이 보시를 수행하는
이들에게 방해가 되지 않듯이,
계를 주는 이들은 계를 받으려는
이들에게 방해가 되지 않습니다.

106

세상에 구걸하는 이들은 많지만
우리들을 해치는 사람들은 드뭅니다
우리가 과거에 남들을 해치지 않았더라면
지금 아무도 우리를 해치지 않을 겁니다.

107

갑자기 집안에 나타난 보물처럼
우리는 손 하나 까딱하지 않았는데
적들이 나타나 우리의 수행을 돕고 있으니
이 어찌 기쁜 일이 아니겠습니까?

어떤 걸 방해로 여기면
그게 그대에겐 방해가 되듯
어떤 이를 적으로 여기면
그가 그대에겐 적이 되고

108

인욕하려면 적과 나 둘 다 필요하므로
인욕의 과보는 둘 다 받게 되지만,
그 과보는 적에게 먼저 주어야 합니다.
그가 먼저 계기를 만들어 주었으니까요.

어떤 걸 도움으로 여기면
그게 그대에겐 도움이 되듯
어떤 이를 친구로 여기면
그가 그대에겐 친구가 되네.

109

적에게는 우리들의 수행을 도울 의도가 없었으므로
그를 존중할 필요가 없다고 주장하는 것은
부처님의 가르침도 우리들을 도울 의도가 없으므로
존중하지 말아야 한다고 주장하는 것과 다름없습니다.

어떤 상황이든지
배울 기회로 삼는다면
세상에 아무것도
무익한 건 없다네!

110

적의 의도는 우리를 해치는 것이었으므로
그를 존중하지 말아야 한다고요?
그가 의사처럼 우리를 도우려 했다면
어떻게 우리가 인욕을 수행할 수 있었겠습니까?

111

우리가 인욕을 수행하게 되는 것은
나쁜 의도를 갖고 있는 이들 덕분으로
그들이 곧 우리들의 인욕의 원인이므로, 우리는
성스러운 불법처럼 그들을 존중해야 합니다.

진정한 자비심은
누구에게도 화내지 않고
희생자와 가해자 모두에게
똑 같이 사랑을 보낸다.

112

중생들의 장이 여래장과 같다고
부처님께서 말씀하신 까닭은
그들을 존중함으로써 성불한
수행자들이 많이 있기 때문입니다.

악쇼비아 ('不動')
부처님께서는 스님
시절에 어떤 중생들에게도
혐오감이나 화를 내지 않겠다고
부처님 앞에서 했던
약속을 지켜 부처님이
되셨다고 합니다.

113

성불이 중생들과 부처님들에게
다같이 달려있는데,
어째서 우리들은 중생들을
부처님과 똑같이 존중하지 않을까요?

114

목적은 물론 같지 않지만
중생들도 같은 결과인 성불로 인도하므로,
그들도 공덕의 터전이라는 점에서는
부처님과 동등합니다.

중생도 공덕의 터전

115

무한한 사랑을 갖고 있는 한 중생을
공경하는 데서 얻는 공덕은 중생들의 위대함
때문이고, 우리가 부처님을 믿는 데서 얻는
공덕은 부처님들의 위대함 때문입니다.

중생은 미래의 부처님

116

그들은 둘 다 성불로 인도하므로
중생들이 부처님과 같다고 합니다. 그러나
중생들이 실제로 부처님과 동등한 것은 아닙니다.
부처님들은 무한한 공덕의 바다이기 때문입니다.

부처님들은
무한한 공덕의 바다

117

그러나 부처님의 무한한 공덕의
일부라도 어떤 중생에게 나타나면
삼계를 다 바쳐 공양해도
충분하지 않을 것입니다.

118

중생들은 부처님들의 공덕들 중에서
가장 좋은 면을 갖고 있으므로
우리가 중생들을 공경하는 것은
너무도 당연한 것입니다.

공경하는 마음은
축복받는 마음

119

더구나, 우리들에게 무한한 행복을 주시는
부처님들에게 보답하는 가장 좋은 길은
중생들을 행복하게 해 주는 것 말고
무슨 다른 길이 있겠습니까?

악을 악으로 갚으면
세상의 고통이 늘어나나
악을 선으로 갚으면
세상의 고통이 줄어드네.

120

여러 번 목숨을 버리시고 무간지옥까지
들어가신 부처님들께 보답하는 길은,
중생들이 우리들을 해치더라도
그들의 행복을 위해 노력하는 것입니다.

121

우리보다 훨씬 더 위에 계신 부처님들께서도
자신을 생각하지 않으시고 중생들을 위하시는데,
어째서 우린 어리석게도 오만하게 행동하며
중생들에게 봉사하지 않을까요?

오만의 언덕은
위험하고 가파르네!
— 밀라레파

122

부처님들께서는 중생들이 기뻐하면 기뻐하시고,
중생들이 괴로워하면 괴로워하십니다. 그러므로 중생들을
기쁘게 하는 것은 부처님들을 기쁘게 해드리는 것이고,
중생들을 괴롭히는 것은 부처님들을 괴롭히는 것입니다.

123

우리가 아이를 해치면
그 어머니를 기쁘게 할 길이 없듯이,
우리가 중생을 해치면
부처님들을 기쁘게 해드릴 길이 없습니다.

124

그러므로 제가 지금까지 중생들에게 끼친 해는
모든 부처님들을 슬프게 하는 것이므로,
오늘 제가 이 모든 악행을 참회하오니,
부처님들이시여, 저를 용서해 주시옵소서.

아무리 무거워도
용서받을 수 없는 죄
없으니 참회하여
축복을 받으소서!

125

지금부터 모든 부처님들을 기쁘게 해드리기 위해
저는 모든 중생들에게 봉사하겠습니다.
그들이 저를 쓰러뜨리거나 짓밟더라도
보복하지 않고 부처님들을 기쁘게 해드리겠습니다.

126

대자대비하신 부처님들께서는
모든 중생들을 자기 자신들로 여기시고
선량한 중생들의 모습으로 나타나시는데,
어떻게 우리가 불손하게 대할 수 있겠습니까?

불손은 불행의
늪으로 가는 길

127

해를 입어도 참고 모든 중생들을 부처님처럼
공경하는 것이 모든 부처님들을 기쁘게 해드리고
부처님이 되어 중생들의 고통을 없애 주게 되므로
우리는 항상 인욕을 수행해야 합니다.

128

왕의 신하 한 사람이
많은 사람들을 괴롭혀도
현명한 사람들은 보복하지 않습니다,
설사 그렇게 할 수 있다고 하더라도.

보복은 바보들의
눈먼 행복

129

왜냐하면 그 신하는 혼자가 아니고 뒤에
왕이라는 막강한 세력이 버티고 있기 때문입니다.
그러므로 어떤 약한 사람이 우리들을 해치더라도
우리는 그에게 보복하지 말아야 합니다.

130

왜냐하면 그의 뒤에는 자비로운 부처님들과
지옥을 지키고 있는 이들이 버티고 있기 때문입니다.
그러므로 우리는, 신하가 왕을 대하듯이,
모든 중생들을 공경해야 합니다.

131

아무리 우리가 그런 왕을 화나게 하더라도
그는 우리들을 지옥에 처 넣을 수 없지만,
우리가 중생을 해치면
우리들은 지옥에 떨어지게 됩니다.

나와 남 우린
모두 한 몸이니
남을 해치면
나도 해를 입고

132

그리고 아무리 우리가 그 왕을 기쁘게 해주어도
그는 우리들에게 깨달음을 주지 못하지만
우리가 중생들을 기쁘게 해주면
우리들은 깨달음을 얻을 수 있습니다.

남을 도우면
나도 덕을 보니,
하나가 덕을 보면
모두가 덕을 보네.

133

중생들을 기쁘게 함으로써, 종국에 가서
우리가 부처가 되는 것은 제쳐두더라도,
우리가 금생에서 얻게 될 명예와
행복은 어찌하여 보지 못합니까?

134

윤회 속에 남아있는 동안에 인욕하면
우리는 미모와 건강과 명성과
장수뿐만 아니라 전륜성왕이
누리는 안락까지도 얻게 됩니다.

인욕은 미모와 건강,
최고의 안락으로
가는 길!

마음을 뒤흔드는
불쾌한 상황을 만나면
자신을 지켜보며 방심하지 말고
이렇게 자신에게 계속해서 경고하라.
"분노의 위협이 닥쳐오고 있네!"
— 밀라레파

화가 일어나는 것은
'나'와 '대상'이 있다는
그릇된 생각 때문이다.
그러므로 공(空)에 대한 명상은
화가 일어날 기반을
없애준다.

07

정진바라밀
=초월적 정진

욕망의 대상은 칼날 위의 꿀처럼
진정한 행복을 주지 못하나,
불법수행으로 쌓는 공덕은 불사의
약처럼 영원한 행복을 가져옵니다.

정진(精進)이란 말을 탄 수행자는
단계를 거쳐 해탈로 이르고
항상 행복하나,
게으름이란 족쇄를 찬 수행자는
윤회의 심연에 갇혀
항상 불행하네. ―밀라레파

승리의 깃발 — 무지의 세력들에 대한 불법의 승리 상징

1

인욕을 수행한 이는 정진을 수행해야 합니다,
깨달음은 정진에 달려있기 때문입니다.
정진이 없으면 공덕도 없습니다,
바람이 없으면 움직임도 없듯이

정진(精進) effort
endeavor
diligence
zeal

2

정진이란 무엇인가?
그것은 선행을 하려는 노력이고,
그 반대는 나태, 즉, 악에 대한 애착,
낙담과 자기 자신에 대한 경멸입니다.

정진은 악행에서
벗어나는 것이다.
― 찬드라키르티

3

나태의 원인은 게으름과
쾌락과 잠을 좋아하고,
윤회의 고통에 대해
염리심을 갖지 않는 것입니다.

쾌락은 타락으로,
그리곤 나락으로!

4

게으름과 같은 번뇌의 올가미에 걸려
윤회의 그물에 빠져들어 이렇게
죽음의 입 안에 들어와 있는데도
어찌하여 그대는 깨닫지 못합니까?

끊임없이 죽음을 생각하면
게으름의 악마는
쉽게 정복할 수 있다네.
― 밀라레파

5

주위 사람들이 하나씩 끌려가
살해되고 있는데도 그대는 보지 못하고,
그렇게 도살장의 들소처럼
아직도 잠만 자고 있습니까?

인생은 수많은
질병의 돌풍 속에 깜박거리고
냇물에 이는 거품보다 더 약하네.
잠을 잘 때 숨이 떠났다
매번 다시 돌아와 깨보니
아직 살아있어 얼마나 놀라운가!
— 나가르주나

6

염라대왕이 지켜보고 있고
도망갈 길은 모두 막혔는데
그대 어떻게 먹는 것을 즐기고
잠과 사랑을 즐길 수 있습니까?

내일이 먼저 올지
내생이 먼저 올지는
확실하지 않다.
그러므로 내일보다
내생에 대비하는 것이
더 가치 있고 현명하다.
— 부처님

7

지금 게으름을 버린다 해도
죽음이 빨리 다가오고 있으니
너무 늦을 텐데
그대 어떻게 하렵니까?

8

어떤 것은 아직 시작도 못했고
어떤 것은 반밖에 못했는데
느닷없이 죽음이 닥쳤으니
'이젠 끝장!'이라고 탄식하겠지요.

죽음의 원인은 무수하고
생명의 원인은 적은 데다
그건 또한 죽음의 원인이
될 수 있네.
— 아리아데바

9

희망 잃은 친척들의 얼굴

(눈은 슬픔의 눈물로 벌겋게

통통 부어올라 있는)과

저승사자들의 얼굴을 보면서

대부분의 사람들의 건강상의
문제들은, 특히 중년이나 노년에,
냉담과 슬픔으로 인해
생긴다고 합니다.

10

그대가 저지른 악행을 기억하며 괴로워하고

지옥의 비명소리가 귓전을 때리며,

겁에 질려 자신의 똥오줌을 쌀 때

그대는 어찌 하렵니까?

11

그대가 금생에서 겪는 고통도

산 채로 구워지는 물고기와 같은데,

그대가 과거에 저지른 악행으로 지옥에서

겪을 고통은 얼마나 더 심할까요?

12

너무도 예민하여 뜨거운 물에만 닿아도

그대는 화상을 입는데,

뜨거운 지옥에 갈 악행을 저질러놓고

어떻게 이렇듯 태평할 수 있습니까?

우린 모두 승객,
악행은 악도로,
선행은 선도로
가는 차표

13

정진도 하지 않고 높은 성취를 바라고,
고통도 견디지 않고 영원한 해탈을 원하며,
죽음의 문턱에 살면서 영원히 살 것처럼
행동하니, 이 얼마나 어리석은 일입니까?

14

인간이라는 이 나룻배 이용하여
거대한 고통의 강 건너가세요.
이 배는 다시 구하기 어려우니,
지금은 잠잘 때가 아니라오.

"가테 가테 파라가테
파라상가테 보디 스바하"
(아제 아제 바라아제
바라승아제 모지 사바하)

15

어째서 그대는 무량한 행복의 원천
성스러운 부처님의 가르침을 버리고,
고통의 원인인 오락과 같은 하찮은
것들에서 즐거움을 찾으려 합니까?

16

낙담하지 말고 지혜와 공덕쌓고,
억념과 정지를 통해 자제력을 기르고,
나와 남을 동등하게 여기고,
나를 남과 바꾸는 수행을 하세요.

억념이란 밧줄과
정지란 갈고리,
자나깨나
잡고 있게!

17

자신이 어떻게 깨달음을 얻을 수
있겠느냐고 생각하여 낙담하지 마세요.
진실만을 말씀하시는 부처님께서
가능하다고 말씀하셨으니까요.

석가모니 부처님께서 500마리
거위들에게 가르침을 주셨는데,
이들은 모두 다음 생에 인간으로
태어나 부지런히 수행하여
그 다음 생에는 윤회의 고통에서
벗어났다고 합니다.

18

정진의 힘을 통해
벌과 파리, 모기와
땅벌레들도 도달하기 어려운
최고의 깨달음에 도달했답니다.

살아있는 모든 것들이,
벌레까지도 윤회에서 벗어나길,
내가 힘을 얻어
그들 모두 구원하길!
— 밀라레파

19

인간으로 태어나서
선과 악을 구별할 줄 아는데,
부처님의 가르침을 버리지 않는다면
어떻게 깨달음을 얻지 못하겠습니까?

악을 악인 줄 모르고
선을 선인 줄 모르면
어떻게 악을 피하고
선을 행할 수 있으랴?

20

어떤 이들은 자신의 몸을 희생해야 한다는
두려움 때문에 용기를 잃을 수도 있습니다.
그러나 이것은 우리가 어떤 것을
언제 보시해야 하는지 모르기 때문입니다.

21

우리는 무수한 겁 동안
칼로 베이고 찔리는 등
온갖 고통을 겪었지만
아직 깨달음을 얻지 못했습니다.

22

우리가 깨달음을 얻기 위해 겪어야 하는 고통은
이 고통에 비하면 아무것도 아닙니다.
그것은 더 큰 숨은 고통을 없애기 위해
수술할 때 우리가 겪는 작은 고통과 같습니다.

23

의사들은 고통스러운 치료법을 사용하여
사람들의 질병을 고쳐주는데,
수많은 윤회의 고통을 없애기 위해서
약간의 고통은 참고 견뎌야 합니다.

불법은 윤회의 고통을
없애는 최고의 치료제

24

최고의 의사이신 부처님께서는
의사들이 쓰는 일반 치료법이 아닌
지극히 부드러운 치료법으로
모든 큰 질병을 고쳐주십니다.

부처님의 치료법은
가장 부드러운 치료법

25

부처님께서 말씀하셨습니다.
먼저 음식과 같은 작은 보시로 시작하여
차츰 익숙해지게 되면 나중에는
우리의 몸까지도 보시할 수 있다고.

보시 - 그것은 작은
'나'를 주고 큰 '나'
온 세상을 얻는 것!

26

마침내 우리가 우리의 몸을
음식과 같게 여기는 마음을 갖게 되면
우리가 우리의 몸을 주어버리는 데에
무슨 어려움이 있겠습니까?

27

보살님은 악을 버리셨기에
육체적인 고통을 느끼지 않으시고,
분명히 공(空)을 깨달으셨기 때문에
정신적인 고통도 겪지 않으십니다.

보살님들에게는 삶에 대한
두려움이 없습니다. 두려움이라는
것은 상상일 뿐이란 것을
그들은 알고 있기 때문입니다.

28

공덕 덕분에 몸이 안락하고
지혜 덕분에 마음이 안락하신
자비로운 보살님들이 윤회 속에
머문들 무슨 고통을 느끼시겠습니까?

공덕을 쌓으면
몸이 안락하고
지혜를 닦으면
마음이 안락하네.

29

보리심의 힘 때문에 보살님은
모든 과거의 악업을 정화하셨고
많은 공덕과 지혜를 쌓으셨기 때문에
성문(聲聞)보다 더 높으십니다.

부처(佛)〉보살(菩薩)〉
연각(緣覺)〉성문(聲聞)

30

절망과 피로를 쫓아주는
보리심이란 수레를 타고
이렇게 기쁨에서 기쁨으로 나아가시는
분들이 어떻게 낙담하겠습니까?

수행은 행복으로부터
더 큰 행복으로
가는 길이다.
— 부처님

31

중생들을 위해 정진하는 데에 도움이 되는 네 가지
힘은 열망과 자신감, 기쁨과 버림입니다. 열망을
발생시키는 것은 선업의 혜택에 대해 명상하고
윤회의 고통에 대한 두려움을 일으키는 것입니다.

32

정진에 반대되는 모든 것을 극복하고
우리는 정진을 늘리기 위해
계속해서 노력해야 합니다,
열망과 자신감, 기쁨과 버림을 통해.

버림은
청정과
자유로
가는 길

33

저는 저 자신과 남들을 위해
무량한 악업을 정화해야 하는데,
단 하나의 악업이 소멸되는 데에도
수많은 겁이 걸릴 수 있습니다.

악업은
짓기는 쉬우나
씻기는 어렵고

34

그러나 게으름 때문에 저는 이들
악업 중에서 아무것도 정화하지 못해
한없는 고통 속에 남아있는데,
어떻게 제 심장이 터지지 않겠습니까?

공덕은
쌓기는 어려우나
허물긴 쉽다네.

35

저는 저 자신과 남들을 위해
많은 공덕을 쌓아야 하는데,
공덕 하나 얻는 데도
수많은 겁이 걸릴 수 있습니다.

36

지금까지 저는 이들 공덕 가운데
티끌만큼도 쌓지 못했는데
이 귀한 인간의 삶을 낭비한다면
이보다 더 큰 비극이 어디에 있겠습니까?

37

저는 부처님들께 공양을 올린 적도 없고
잔치를 베풀어 드린 적도 없으며,
부처님의 가르침을 위해 한 일도 없고,
가난한 이들의 소망도 충족시켜 주지 못했습니다.

38

두려워하는 이들에게 두려움을 없애주지 못했고,
괴로워하는 이들에게 괴로움을 없애주지 못했으며,
제가 지금까지 한 것이라고는
어머니에게 출산의 고통을 준 것뿐입니다.

39

전생에 불법에 대한
열망이 부족했기 때문에
금생에 이토록 고통 받고 있는데, 어떻게
제가 불법에 대한 열망을 버리겠습니까?

어머님의 자궁 속에 있을 때
마음을 불법으로 향하고,
태어나자마자 죽음을 위해
부처님의 가르침을 기억하라!

40

부처님께서 말씀하셨습니다.
열망이 모든 선행의 뿌리이고,
열망의 뿌리는 인과응보에 대한
끊임없는 명상이라고.

바라는 대로 이뤄지고
뿌린 대로 거두는 법

41

모든 육체적인 고통과 정신적인 괴로움,
온갖 유형의 두려움,
원하는 것과 헤어지는 고통은
악행 때문에 일어납니다.

고통은 악행의 과보

42

선한 행동을 하면
어딜 가든지
공덕의 과보로
존경과 명예가 따릅니다.

행복은 선행의 과보

43

그러나 자신의 행복을 위해
악행을 하면 어딜 가나
악행의 과보로
고통의 칼이 우릴 잘라 쓰러뜨립니다.

번뇌의 오염 씻으면
청정한 기쁨 넘치네.

44

선행으로 부처님의 정토에 태어나는 이들은
부처님의 빛을 받아 연꽃에서 태어나서,
달콤한 부처님의 말씀을 양식으로
최고의 안정과 행복을 누린답니다.

45

반면에, 과거에 지은 악행 때문에
지옥에 태어나는 이들은
피부를 벗기고 칼과 창으로 찌르는 등
온갖 고문을 여러 겁 동안 당합니다.

46

그러므로 우리는 선을 열망하고
열심히 실천해야 합니다.
그리고 금강당경에 설해진 대로
자신감을 개발해야 합니다.

47

먼저 우리는 무엇을 해야 하는지 검토하여
그것을 할 수 있는지 없는지 알아야 합니다.
할 수 없는 것은 시작하지 말고,
일단 시작하면 포기하지 말아야 합니다.

선에 대한 열망,
그건 행복으로
이끄는 에너지!

48

그렇게 하면 습관이 되어
다음 생에서도 그 악행 때문에 고통이 늘고,
다른 선행도 못하게 되거나
변변치 않은 열매를 맺기 때문입니다.

그대는 아는가,
나쁜 습관이 얼마나 많이
그대의 인생을
도둑질해 가는지를?

49

행동과 번뇌와 능력 세 가지 면에서
우리는 자신감을 갖고 있어야 합니다.
"나만이 그것을 할 수 있다"는 말은
행동에 관한 자신감을 보여줍니다.

50

중생들은 번뇌의 지배를 받기 때문에
무엇이 그들에게 이익이 되는지 몰라
그것을 하지 않으므로
우리가 그들을 위해 그것을 해야 합니다.

번뇌를 정복하여
자유를 얻을 때까지
우린 모두 노예,
번뇌의 노예라네!

51

남들이 무의미한 일로 인생을 낭비하는데
어떻게 우리가 가만히 앉아 있을 수 있습니까?
자만 때문에 그렇게 방관하는 것이라면
그런 자만은 없애버리는 것이 더 낫습니다.

어느 날 번쩍 정신 들어
돌아보니
내 인생의 대부분은
낭비였다네!

52

죽어가는 뱀을 보면
까마귀도 금시조처럼 공격하듯,
우리의 자신감이 떨어지면
작은 어려움도 우리를 괴롭힐 수 있습니다.

53

자신감을 잃고 정진하지 않으면
우리는 쉽게 어려움을 겪게 됩니다.
그러나 자신감을 갖고 정진하면
우리는 어떤 장애도 극복할 수 있습니다

자신감은
긍정적인 에너지,
자만은
부정적인 에너지

54

그러므로 확고부동한 마음으로
우리는 어려움을 이겨내야 합니다.
어려움이 우리를 이긴다면
해탈에 대한 열망은 웃음거리가 될 테니까요.

정진하면서
어려움을 견디는 이들은
끝없는 공덕을
쌓게 된다네. — 밀라레빠

55

우리는 모든 것을 정복하고
어떤 것에도 정복당해서는 안 됩니다.
위대한 정복자 부처님의 후예답게
우리는 언제나 자신감을 가져야 합니다.

56

자만의 지배 밑에 놓여있는 이들은
번뇌의 지배 밑에 놓여있는 것입니다.
그런 사람은 자만이란 번뇌에 굴복했으나
자신감이 있는 사람은 그렇지 않습니다.

부처님이 되기 전까지
우린 모두 불완전한 중생,
자만은 그 불완전함의
한 징표라네.!

57

마음이 아만으로 부풀어 오른 사람들은
악도에서 다시 태어납니다.
이들은 나중에 인간으로 다시 태어나더라도
노예가 되어 남들의 음식을 먹게 됩니다.

자신을 치켜세우는 것은
자신을 떨어뜨리는 행위

58

이들은 어리석고, 보기 흉하고, 힘이 없어
어딜 가나 사람들에게 멸시당합니다.
아만으로 가득 찬 잘난 척하는 사람들,
누가 이들보다 더 불쌍하겠는가?

잘난 척하는 것은
못났다는 자랑!

59

자신감을 개발하여 아만이라는 적을 정복하는
이들은 진정한 정복자이고 영웅입니다.
아만과 같은 번뇌를 정복하면 중생들에게
행복과 깨달음의 열매를 줄 수 있습니다.

자신을 정복한 이가
진정한 정복자!

60

수많은 번뇌 가운데 서있더라도
여러 가지 방법으로 싸우면서
여우떼 가운데 서있는 사자처럼
번뇌의 떼에게 굴복하지 말아야 합니다.

61

(신체적으로 해를 입을) 위험한 상황을 만나면

사람들이 자신의 눈을 보호하듯,

(정신적으로 해를 입을) 번뇌를 만나면

우리는 우리의 마음을 보호해야 합니다.

번뇌는 위험

62

번뇌라는 적에게

굴복하는 것보다는

불에 타서 죽거나

목이 잘려 죽는 것이 낫습니다.

63

우리는 기쁨을 얻기 위해 어떤 행동을 하지만

기쁨을 얻으리라는 보장은 없습니다.

그러나 행동 자체를 기뻐하는 사람이 행동하지

않는다면 어떻게 기쁨을 얻을 수 있을까요?

64

결과가 행복일지 고통일지 몰라도

중생들은 자신들의 행복을 위해 노력합니다.

불법수행의 결과는 행복이 확실한데

어째서 우리가 행복을 얻지 못하겠습니까?

불법수행의 목표는
최고의 행복

65

욕망의 대상은 칼날에 발린 꿀처럼
진정한 행복을 주지 못하나,
불법수행으로 쌓은 공덕은
영원한 행복을 가져옵니다.

66

한낮의 더위에 지친 코끼리가
시원한 물 속에 뛰어들 듯,
번뇌의 불길에 지친 우리도
수행의 물에 뛰어들어야 합니다.

번뇌는 불
수행은 물

67

기력이 떨어지면 잠시 하던 수행을
중단했다가 나중에 다시 하고,
잘 끝낸 수행은 내버려두고
다음 수행으로 넘어가는 게 좋습니다.

68

노련한 병사가 싸움터에서
적의 칼을 피하듯,
번뇌의 칼을 피하고
방편으로 극복해야 합니다.

번뇌는 칼,
불법은 방패

69

병사가 싸우다가 칼을 떨어뜨리면
적의 공격이 두려워 재빨리 다시 잡듯,
억념이란 칼을 놓치면 지옥의 고통을
생각해 재빨리 다시 잡아야 합니다.

억념은 우리의
마음을 지키는 칼

70

독이 일단 혈관에 도달하면
온몸에 퍼지듯이,
번뇌도 기회를 잡으면
온 몸에 퍼집니다.

71

한 방울이라도 떨어뜨리면 죽인다고
칼을 들고 위협하는 사람 앞에서
기름이 가득 찬 항아리를 옮기는 사람처럼
수행자는 언제나 그렇게 집중해야 합니다.

수행자의 집은
집중하는 마음

72

뱀이 무릎에 기어오르면
우리가 펄쩍 뛰어 일어나듯,
졸음과 게으름이 찾아오면
우리는 즉시 물리쳐야 합니다.

73

번뇌와 같은 허물이 일어날 때마다
호되게 자신을 꾸짖고
다시는 그런 일이 일어나지 않도록
몇 번이고 다짐해야 합니다.

74

이런 식으로 언제 어디서나
억념을 익히고, 진지하고
순수하게 불법을 수행하여 자기 자신과
남들을 고통 받지 않게 보호해야 합니다.

수행은
티 없이
순수하고
순수하게

75

이 모든 수행을 할 힘이 있는지
확실히 하기 위해 시작하기 전에
불방일에 관한 가르침을 상기하여 몸과
마음이 유연하게 과제에 임해야 합니다.

집착이란 짐 버리면
몸과 맘 가벼워지네

76

솜털이 바람의 힘을 받아
이리저리 움직이듯
정진하는 기쁨의 활력을 받으면
우리는 모든 것을 성취할 것입니다.

부처님의 가르침을 공부하면서 제가 끊임없이
발견하는 놀라운 점이 있습니다. 그것은 부지런히
구하려고 노력하면 제가 지금까지 만난 것보다
제게 더 잘 맞거나 더 나은 가르침이나 방법을
만나게 된다는 것입니다.

"더 완전한 세계가 있다는 것을 알면
이 세상을 더 좋게 만들 수 있네.

부처님들과 보살님들이 계시다는 것을 알면
더 완전한 각성을 위해 노력하게 된다네.

기대할 것이 있다는 것을 알면
과거의 속박에서 벗어날 수 있네."
- 마이트레야 (미륵 보살님)

08

선정(禪定)바라밀
=초월적 선정

이 세상의 모든 행복은
남들의 행복을 바라는 데서 오고,
이 세상의 모든 불행은
자기 자신의 행복을 바라는 데서 오네.

선정(禪定) meditative absorption
mental stabilization

선정에 의해 모든 산란한 생각이 극복되니
선정은 모든 불교 수행을 위해 가장 중요하다네.
-밀라레파

연꽃 ─ 깨달은 마음의 청정 상징

1

정진을 개발한 후에는
선정을 개발해야 합니다.
마음이 산란한 사람은
번뇌의 포로이기 때문입니다.

2

몸과 마음이 독거(獨居)하는 사람에겐
마음의 산란이 일어나지 않으므로
수행자는 세속의 삶을 떠나고
산만한 생각도 떠나야 합니다.

외부 대상과
내부 관념에 대한
집착으로부터 벗어나는 것이
최고의 독거

3

재물과 같은 것에 대한 애착 때문에
사람들은 속세를 버리지 못하는데,
이런 장애들을 버리기 위해
다음과 같이 명상해야 합니다.

유혹적인 재물을 만나면
자신을 지켜보며 경계하고
이렇게 자신을 억제하라,
'탐욕의 위험이 닥쳐오네!'
— 밀라레파

4

번뇌를 완전히 끊으려면 마음의 안정(止)과
통찰(觀)이 필요하므로, 속세에 대한
집착을 기쁜 마음으로 버려, 우선
마음의 안정을 얻도록 노력해야 합니다.

지(止) : shamata(calm abiding)
관(觀) : vipashyana(insight)

5

모두가 덧없이 지나가는데
남에게 집착하여 무엇 하리,
수천 번 다시 태어나도
그리운 임 다시 못 만나는데!

'존재'라는 개념으로부터
집착이 따라 나온다네.
— 밀라레빠

6

보고 싶은 임 못 보면 괴로워
선정을 얻지 못하고,
보고 나면 다시 보고 싶어
선정을 얻지 못하네.

임 그리울 땐
공(空)을 생각하라,
그 무한의 안락과
자유를 생각하라!

7

사랑하는 사람에 대한 애착과
만나지 못하는 슬픔 때문에
공의 진리도 파악하지 못하고
윤회에 대한 염리심도 잃네.

무상과 고통에 대해
명상하면 염리심을
개발할 수 있다.

8

임에 대한 생각에 빠져있는 동안
인생은 너무도 빨리 헛되이 지나가고
덧없는 한 인간 때문에
영원한 해탈을 주는 불법도 잃네.

덧없는 것 잡으려다
영원한 것 놓친다네.

9

어리석은 사람들처럼 행동하면
반드시 악도에 떨어지는데,
어리석은 이들과 사귀는 것이
무슨 의미가 있습니까?

지옥 중생들은 증오로 묶여있고,
아귀는 인색, 짐승들은 어리석음,
사람은 탐욕, 아수라는 질투,
천신들은 오만으로 묶여있나니, 이들
여섯 가지 족쇄가 해탈의 장애라네.
— 밀라레파

10

한 순간에 친구가 되었다가
다음 순간엔 적이 되고,
즐거워해야 할 때도 화를 내니
사람들이란 만족시키기 어렵네.

11

그들은 좋은 충고를 해줘도 화를 내고,
남이 좋은 충고를 따르지도 못하게 하며,
자기들 말을 듣지 않으면 화를 내니,
그들은 악도를 면치 못하네.

남의 충고를 받아들이지
못하게 막는 것은
자기 자신의
어리석은 오만

12

높은 사람들은 질투로, 동등하면 경쟁으로,
낮으면 오만으로, 칭찬은 우쭐댐으로,
비판은 적대감으로 대하니,
바보들로부터 무슨 이득을 얻을 수 있으랴?

그대는 그대 자신의
포로라는 걸 아는가?
완전한 자유를 얻기 전엔
우린 모두 우리들 자신의 포로!

13

어리석은 이들과 교제하게 되면
자신은 칭찬하고 남들은 비방하며,
속세의 쾌락에 대한 얘기나 하니
온갖 악행만 하게 되네.

세속적인 쾌락은 순간
깨달음의 안락은 영원

14

이렇게 어리석은 이들과 교제하면
허망할 뿐이니,
나도 아무것도 얻지 못했고,
남들 역시 얻은 것이 없네.

15

어리석은 이들로부터는 멀리 떠나고
혹시 오가다 만나게 되면
의례적으로 인사나 하고
가까이 사귀지 말아야 하네.

16

꿀벌이 꽃에서 꿀을 얻고 돌아가듯이,
수행에 필요한 것을 얻은 뒤엔
아무 데도 집착하지 말고 미련 없이
돌아와 혼자 머물러야 한다네.

집착(執着)은
자박(自縛)

17

재물과 명예가 많아 사람들로부터
사랑을 받고 있다고 생각하여
자만심을 갖게 되면
죽은 뒤에 무서운 고통을 겪게 되네.

재물도 속박
명예도 속박

18

무지하여 아무것도 몰라
애착이 가는 것을 모으게 되면
모은 것들 수의 수천 배의
고통을 겪게 된다네.

속세의 번영과 성취는
마귀들이 세워놓은
장애일 뿐이라네.
— 밀라레파

19

그래서 현명한 이들은 애착하지 않네.
애착에서 온갖 두려움과 괴로움이 생기고,
애착의 대상들은 저절로 사라진다는 것을
그들은 확실히 알고 있기 때문이네.

20

많은 사람들이 부자가 되었고
많은 사람들이 유명해졌으나
그들이 많은 재물과 명성을 갖고
지금 어디에 갔는지 아무도 모른다네.

속세(俗世)의 부귀는 허망하나니
설령 그대 산더미처럼 쌓을지라도
결국 모두 버리고 떠나야 할진대
보시함이 더 낫지 않겠는가?
— 밀라레파

21

누가 자기를 비난하면 기분 나빠하고
누가 자기를 칭찬하면 기분 좋아할까?
비난과 칭찬은 빈 동굴
메아리같이 빈말이거늘.

22

세상 사람들이 원하는 것은 많고도 많아
부처님들조차 다 들어주실 수 없는데,
나 같은 무지한 이야 말해 무엇 하랴,
그들과 교제하고 싶은 마음 버려야지.

바라는 게 많으면
불만도 많은 법,
욕심 줄여가는 게
행복으로 가는 길

23

사람들은 재물을 가진 이도 경멸하고
못 가진 이도 경멸하는데,
그렇게 기쁨을 모르는 이들과 함께 한들
무슨 기쁨을 얻을 수 있겠는가?

가져도 불행,
못 가져도 불행한
세속의 재물,
난 부럽지 않네!

24

어리석은 이들은 그 누구의 친구도 못 된다고
부처님께서 말씀하셨네.
자기 자신에게 유익한 것이 없으면
그들은 좋아하는 마음이 일어나지 않는다네.

25

나 언제 숲 속으로 들어가
나무들과 함께 살게 될까?
비난할 줄 모르고 까다롭지 않고,
함께 있기만 해도 기쁜 그들과 함께.

26

동굴이나 비어있는 절이나
나무 밑에 가서
뒤돌아보지 않고
걱정 없이 살 수 있을까?

명상은 마음속에 일어나는 한 생각과
다음 생각 사이의 공간을 넓혀가는 것,
그리하여 마음속에서 모든 생각이
사라지게 되면 내부 세계인 마음과
외부 세계가 하나가 되는 열반이 오네.

27

나 언제 살게 될까?
아무도 '내 것' 이라 주장하지 않는
시원스레 열려있는 넓은 곳에서
아무 집착 없이 자유롭게.

수행은 자기 안에
갇혀있는 마음을 열어
모든 것을
포용하는 것

28

발우 한 개, 아무도 원치 않을
옷 같은 몇 가지 물건만 갖고,
두려움 없이 '나 자신' 이나 '내 것' 에도
집착하지 않고 살게 될까?

하늘(허공)을 바라보면
망상이 사라지고,
긴장이 풀리고,
의식이 확장된다!

29

그리고 송장터에 가서
내 몸의 무상(無常)에 대해 명상하리라.
내 몸도 시체나 다름없이
시시각각 썩어가고 있다는 것을!

무상은 집착을
끊어주고,
열반의 대문을
열어준다.

30

내가 죽어 이 몸이 썩어
고약한 냄새를 풍기면
살코기를 좋아하는 자칼도
가까이 오지 않으리라.

흙 한 줌이 외치네,
내가 전엔
머리카락이었다고
내가 전엔 뼈였다고.
— 루미

31

우리의 몸도 하나의 덩어리로
태어났지만 결국 뼈와 살이
모두 분리되는데, 우리의 친구들이야
말해 무엇 하리오!

조건 따라
모인 것은
조건 따라
흩어진다.

32

태어날 때도 홀로,
죽을 때도 홀로. 아무도 우리의
고통을 나누지 못하는데, 우리가
사랑하는 이들이 무슨 소용 있으랴?

33

여행하는 사람들이 하룻밤 묵고
가는 여인숙에 집착하지 않듯이,
나도 이번 생에 묵고 가는
이 몸에 집착하지 않으리.

이번 생과 다음 생을
하나로 보는 데 익숙해져
태어남과 죽음의 두려움
모두 잊어버렸네.
— 밀라레파

34

사람들이 나의 죽음을 애도하며
넷이서 이 몸을 끌고 가는
때가 닥치기 전에 어서
나 조용한 숲 속으로 들어가리.

35

거기 친구도 적도 없이
나 홀로 조용히
죽은 듯이 머물 테니
나 죽어도 슬퍼할 이 없으리.

36

거기 그렇게 혼자 머물면
내 죽음을 애도하거나
방해할 사람도 없을 테니, 난
부처님과 불법만 생각할 수 있으리.

죽을 때에 가장 나쁜 것은
분노와 같은 나쁜 감정에
빠지는 것. 수행자는
평화롭게 가네.

37

언제나 홀로 조용하고 평화로운 곳에
걱정 없이 기쁜 마음으로 머물면서
모든 마음의 산란
가라앉히기 위해 노력하리.

마음의 산란,
그건 바람,
지나가는
바람일 뿐

38

다른 모든 욕망은 버리고
오로지 보리심에 의지하여
마음을 길들여
선정을 얻기 위해 정진하리.

욕망은 불,
잠시 일어났다
사그라지는
불일 뿐

39

금생에서나 내생에서나
애욕은 고통을 낳는 법.
금생에서는 상해, 투옥, 죽음을,
그리고 내생에서는 악도의 고통을.

애욕은 곤욕

40

애욕의 대상을 구하기 위해
중매쟁이를 보내고
명예도 아랑곳하지 않고
온갖 악행을 다 저지르네.

41

위험도 무릅쓰고
재산까지 탕진하며
그대가 그토록 껴안고 싶어 하는
이들 육체의 본질은 무엇인가?

42

사실 그건 살덩어리일 뿐,
자아도 실체도 없는데
이런 걸 탐내느니 차라리
해탈을 구함이 낫지 않을까?

무아(無我) =
공(空)

43

우리가 누군가에게 매력을 느끼면
우리는 그 사람의 얼굴을 보고 싶어 하네.
그러나 우리가 보든 말든
진짜 얼굴은 언제나 피부로 덮여 있네.

44

이제 저 피부를 벗겨보면
그대는 깨닫게 되리라,
그건 애욕의 대상이 아니라
혐오의 대상임을!

여기 명상의 목적은 우리의 몸에
대한 혐오감을 불러일으키는 것이
아니라, 불완전한 인간의 몸에 대한
애착을 끊어 버리는 것입니다.

45

누가 훔쳐보기라도 할까봐
그토록 열심히 지키던 저 얼굴을
이제 독수리가 쪼아 먹으려 하는데,
어째서 달려들어 보호하지 않는가?

46

멀지 않아 이렇게 새들의
먹이로 전락할 이 고깃 덩어리를
꽃과 전단향과 보석으로 장식하며
어째서 그토록 애착을 갖는가?

자신을 시체(屍體)처럼 여기고
자신에 대해
관심을 갖지 마라.
— 밀라레빠

47

뼈와 살덩어리에 불과하지만
우리는 시체를 보면 무서워하면서
같은 뼈와 살덩어리인데도
살아 돌아다닐 때는 무서워하지 않는가?

우리가 시체라고 부르는
이것은 바라보기조차 끔찍한데
이미 바로 여기에 있으니
우리들 자신의 몸이라네.
— 밀라레빠

48

살아있는 몸이나 죽은 몸이나
다 뼈와 살덩어리일 뿐인데,
왜 산 몸에는 애착을 갖고
죽은 몸에는 애착을 갖지 않는가?

49

침도 오줌도 우리가 먹는
같은 음식물에서 만들어지는데,
어째서 입맞춤을 할 때 침은 좋아하면서
오줌은 싫어할까?

50

여자의 몸은 촉감이
부드럽다고 좋아하면서
부드러운 솜 베개는 좋아하지 않을까?
베개는 고약한 냄새도 내뿜지 않는데.

51

애욕에 눈이 멀어 무엇이 깨끗하고
무엇이 깨끗하지 않은지도 분간하지 못하네,
잠잘 때 베개가 불편하면 화를 내면서도
깨끗하지 않은 살덩이 곁에서 자는 것은 불평 안 하니.

애욕이든 물욕이든
욕심은 마음인데,
마음을 어떻게
물질로 채울 수 있으랴!

52

그대가 정녕 더러운 것을 사랑하지 않는다면
어떻게 무릎 위에 올려놓고 포옹할 수 있는가?
골격을 힘줄로 묶고 그 위에 살이라는 흙을
발라놓은 이 더러운 몸뚱이를.

가끔 생각해보게,
그대 애인의
잠든 모습에서
죽은 모습을!

53

그대 자신의 불결한 것들을
처리하는 데에도 항상 바쁜데
어째서 다른 오물자루까지
탐을 낸단 말인가?

54

그대는 살덩이를 좋아하기 때문에
그것을 보고 만지고 싶어 한다는데,
본래 의식이 없는 살덩이를
어떻게 그대는 갈망할 수 있는가?

멀지 않아
사라질 살덩이,
탐을 내어
무엇 하랴!

55

그대가 사랑하는 사람의
마음은 볼 수도 만질 수도 없고,
볼 수 있거나 만질 수 있는 것은 마음이 아닌데,
어째서 쓸데없이 살덩이를 포옹하는가?

56

남의 몸이 불결하다는 것을 모르는 것은
그렇게 놀라운 일이 아니지만,
자신의 몸이 불결하다는 것을 모르는 것은
정말 놀라운 일이네.

엊그제만 해도
아름답던 그녀,
오늘 다시 보니
보기조차 민망하네!

57

정녕 그대의 관심사가 아름다운 형체라면
구름 한점 없이 맑은 날 갓 피어난
연꽃 같은 아름다운 것은 놔두고
오물자루일 뿐인 남의 몸만 탐내는가?

연꽃보다
더 아름다운 건
우리들의
아름다운 마음

58

토해낸 것 같은 오물로 덮여 있는 곳은
만지고 싶어 하지 않으면서
이런 오물을 토해내는
몸뚱이는 어째서 만지고 싶어 하는가?

세상에서
가장 청정한 건
우리들의
청정한 마음

59

불결한 것을 좋아하지 않으면서
어째서 남의 몸은 포옹하는가?
그것은 불결한 자궁 내부에서
불결한 피와 정액에서 나온 것인데.

60

그대는 똥 무더기에서 나오는
구더기는 탐내지 않으면서
불결한 물질에서 생산되는
이 불결한 몸은 탐내는가?

61

그대는 그대의 몸의 불결에 대해
혐오감을 느끼지 않을 뿐만 아니라,
불결한 것에 대한 애착 때문에
다른 오물자루까지 탐낸다네.

늙었거나 어리거나,
우리들의 몸은
모두 오물자루

62

깨끗한 약초와
잘 익힌 쌀밥이나 야채도
입에 넣었다가 뱉어내면
땅을 더럽힌다네.

63

육체의 불결이 이렇게 명백하지만
그대 아직도 믿지 못하겠다면
송장터에 가서 거기 버려져 있는
더러운 시체들을 살펴보게.

우리들은 여행자,
송장터(시체안치소)는
우리들 모두의
종착역

64

피부를 벗겨내면
그렇게 혐오스럽다는 것을
분명히 보고나서도
어떻게 그런 몸에 매력을 느낄 수 있는가?

65

사람의 몸의 향기는
그 사람 자신의 것이 아니라
전단향 같은 외부의 것인데,
어째서 그 몸에 매력을 느끼는가?

세상에서 가장
아름다운 향기,
그건 우리들의
아름다운 마음의 향기!

66

고약한 냄새를 내뿜는 것은
탐내지 않는 것이 좋을 텐데,
어째서 이 무가치한 것을 좋아하여
거기에 향수를 바르는가?

우린 모두
죽어간다네,
태어나는
순간부터!

67

그대가 좋아하는 것이
진정으로 향기라면
그 향기의 주체를 찾아가지,
어째서 이 몸뚱이를 좋아하는가?

68

긴 머리털과 손톱,
고약한 냄새나는 누런 이빨,
자연 상태의 사람의 알몸은
정말 혐오스럽네.

69

몸을 치장하려 그렇게 애쓰는 것은
나중에 자기 자신을 해치기 위해
사용될 칼을 가는 거나 다름없는데
사람들은 겉만 꾸미느라 정신없네.

아무리 애써봐야
밖에는 없네,
그대가 찾는 게.

70

송장터에 갔을 때 몇몇 시체들을 보고
혐오감을 느꼈을 텐데
살아 움직이는 시체들로 번잡한
도시에서 그토록 즐거워할 수 있는가?

71

게다가 남의 몸을 즐기는 것이
결코 공짜가 아니네.
그 대가가 금생에서는 피로요,
내생에서는 지옥의 고통이니.

돈은 물질,
물질로 살 수 있는 건
물질뿐이네!

72

젊을 땐 신부 살 능력이 없으니
무슨 기쁨 있겠으며
돈 모았을 땐 너무 늙었으니
어떻게 애욕을 충족시킬 수 있겠는가?

73

어떤 이들은 애욕 때문에
하루 종일 노예처럼 일하고
저녁 때 집에 돌아오면
지쳐 시체처럼 쓰러지네.

욕심 내려놓기 전엔
우린 모두 노예,
욕심의 노예네!

74

어떤 이들은 장거리 여행 때문에
사랑하는 아내, 자식들과 헤어져
아무리 보고 싶어도
여러 해 동안 보지 못하네.

75

관능적인 욕망에 눈이 멀어
어떤 이들은 자신을 팔지만
원하는 것은 얻지 못하고
남 위해 일하느라 일생을 보내네.

이 몸 팔아
저 몸 산들,
얻는 게
무엇인가?

76

어떤 이들은 자신을 팔아
남들의 노예가 되지만
여전히 가난하여 집도 없어
아내는 숲 속 나무 밑에서 출산한다네.

77

어떤 이들은 생계비를 벌겠다고
위험을 무릅 쓰고 전쟁터에 나가고,
어떤 이들은 이윤을 얻기 위해
자기 자신을 노예로 만드네.

밖에서 허망한
이윤만 쫓다보면
안에서 귀중한
인생은 손해만 보네!

78

어떤 이들은 애욕 때문에
도둑질 같은 짓을 하다 붙잡혀
사지를 잘리거나 화살을 맞거나
창에 찔리거나 화형을 당하네.

몸으로 짓는 세 가지 악행:
살생, 도둑질, 사음(邪淫)

79

재물은 끝없는 골치 덩어리,
모아 지키기 어렵고, 잃으면 괴로우니,
재물을 탐내는 이들은
윤회의 고통에서 벗어날 수 없네.

80

원하는 것이 많으면
고통은 많으나 즐거움은 적은 법,
소가 종일 수레를 끌고
풀 몇 입 얻어먹듯이.

바라는 걸 줄이면
불만도 줄어지네.

81

짐승들도 쉽게 얻을 수 있는
그 하찮은 즐거움을 위해
사람들은 이렇게 얻기 어려운
인생의 여가와 여건을 낭비하네.

번개처럼 지나가니
이 기회 잃으면
인제 다시 얻을까?

82

우리가 탐내는 모든 것은 종국엔 사라지고
우리는 악도에 떨어진다네.
의미 없는 이 세상의 쾌락을 위해
무시이래 겪어온 고난을 생각해보게.

관능적인 쾌락은 순간
깨달음의 기쁨은 영원

83

그런 고난의 백만분의 일만 있어도
우리는 부처님의 자리에 오를 수 있었을 것이네.
중생들은 깨달음의 길을 가는 사람들보다
고통은 더 많이 겪지만 깨달음을 얻지는 못하네.

84

우리가 애욕의 과보로 얻게 되는
지옥의 고통에 비하면
무기나 독약, 낭떠러지나 적과 같은 것이 주는
이 세상의 고통은 아무것도 아니네.

85

이제 애욕엔 염리심을 갖고
고요한 곳을 찾아 혼자 머물리라.
모든 다툼과 갈등이 없는
평화로운 숲 속에서.

염리심 → 해탈
보리심 → 성불

86

꽃향기 가득한 시원한 달빛 아래
궁전처럼 넓은 바위 위에서
솔솔 부는 산들바람 맞으며
중생들의 행복을 생각하리.

마음을 넓히지 못하는 '수행',
그건 이름뿐인 수행이네.
— 밀라레파

87

동굴 안이나 나무 밑, 빈집에서
원하는 동안 살리라.
재물에 대한 애착 버렸으니
이젠 걱정 없이 살겠네.

비좁은 자아의 골방을 나오면
드넓은 자유의 낙원이 있다네.

88

욕심 없이 자유롭게,
관계에도 얽매이지 않고
만족하며 행복하게 살아가니
제왕도 부러워하리라.

89

이런 식으로 조용한 곳에 홀로 머무는
이점들에 대해 생각해보았고,
모든 마음의 산란도 진정시켰으니
이제 보리심을 개발해야 하네.

90

먼저 나와 남이 같다는 점을 명상해야 하네.
우리는 모두 행복을 원하고
불행을 원치 않는다는 점에서 같으므로
자기 자신을 보호하듯 남들을 보호해야 하네.

> 자기와 남들이 하나임을
> 깨닫도록 노력하게.
> 이것을 깨닫지 못한 이는
> 항상 보리심에 매달려야 하네.
> ― 밀라레파

91

우리 몸에는 팔다리와 같은 여러 부분이 있지만
이들 모두가 우리가 보호해야 할 하나의 몸이듯이,
세상에는 많은 다른 사람들이 있지만
모두가 자기 자신처럼 보호해야 할 한 사람이네.

> 내 몸도 하나
> 중생도 하나
> 모두가 하나

92

내가 겪는 고통이 남들에게
고통을 주는 것은 아니지만
나는 나 자신을 귀하게 여기므로
나의 고통을 견디기 어렵네.

93

그리고 내가 남들의 고통을
그들과 똑같이 겪는 것은 아니지만
내가 그들을 귀하게 여기기에
그들의 고통을 나는 견디기 어렵네.

94

그러므로 나는 남들의 고통을 없애야 하네,
그것은 나 자신의 고통이나 다름없으니.
그리고 나는 남들에게 행복을 주어야 하네,
그들도 나와 똑같은 사람들이니.

차별심은 무지의 마음
평등심은 지혜의 마음

95

나와 남이 모두 행복을
바란다는 점에서 같은데
우리들을 차별할 무슨 차이가 있다고
나는 나만의 행복을 추구해야 하는가?

96

나와 남이 모두 불행을
원치 않는다는 점에서 같은데
우리들을 차별할 무슨 차이가 있다고
나는 나만을 보호해야 하는가?

내 이웃이, 사랑하는
어머니 중생들이
고통 받고 있을 때,
나 어떻게 행복하랴?

97

남들의 고통이 나에게 고통을 주지 않는다고,
그들을 보호해주지 않으면서 어째서
'나'의 미래의 고통으로부터 나를 보호하려고 하는가?
그것이 현재의 '나'에게 고통을 주지 않는데.

98

같은 '나'가 그 미래의 고통을 겪는다고
생각하는 것은 잘못이다.
지금 이 순간의 '나'는 죽고
나중에는 다른 '나'가 태어나니까.

오늘의 '나'가 어제와 다르고
내일의 '나'가 오늘과 다르면
도대체 '나'는 어디에 있는가?

99

고통을 겪는 본인이
자신의 고통을 막아야 한다면
발의 고통은 손의 고통이 아닌데
어째서 손이 그것을 막아야 하는가?

오늘의 '너'가 어제와 다르고
내일의 '너'가 오늘과 다르면
어디서 '널' 잡을 수 있으랴?

100

이런 행동이 부적절하지만
자기 집착 때문에 일어난다면,
우리는 최선을 다해 그것을 피해야 한다,
그것이 자신의 것이든 남의 것이든.

101

의식의 상속과 오온은 줄과 알이라는
부분들이 모여서 이루는 염주와 같이 실제로
존재하는 것이 아니다. 고통을 겪는 주체가
없는데 그 고통이 누구에게 속하겠는가?

의식의 상속 = 사람의 마음
오온(五蘊) = 사람의 몸

102

그리고 만일 고통을 겪는 주체가 없다면
나의 고통과 남의 고통이 어떻게 다르랴?
고통은 어디까지나 고통일 뿐이므로
구별하지 말고 우리는 모든 고통을 없애야 하네.

고통을 겪는
주체가 없으면
어떻게
고통이 있으랴?

103

그러므로 모든 사람의 고통을 없애야 한다는 데
대해서는 더 이상 얘기할 필요가 없네. 나 자신을
해방시키는 것은 모두를 해방시키는 것이고
반대로 남들이 고통 받으면 나도 고통 받네.

주체가 없다면
어떻게
객체가 있으랴?

104

"자비심이 그렇게 많은 고통을 가져오는데,
어째서 자비심을 일으키려고 노력해야 하나?"
세상 사람들이 겪는 고통에 비해
자비심으로 겪는 고통이 어떻게 많다 할 수 있는가?

자비를 명상하는 데 익숙해져
나와 남 차이
모두 잊어 버렸네.
— 밀라레파

105

한 사람이 고통 받음으로써
다수의 고통을 피할 수 있다면
자비심을 갖고 있는 분은
기꺼이 고통을 감수해야 하네.

106

그래서 선화월 보살은
왕이 자기를 해칠 것을 알면서도
많은 사람들이 고통을 면하게
자신의 고통을 피하려고 하지 않았네.

선화월 보살은 슈라다타 왕이
내린 죽음의 고통에 관한
달마를 가르치지 말라는 명령을
어기고 기꺼이 처형당했답니다.

107

이런 식으로 마음을 닦는 이들은
남들의 고통을 없애 주기 위해
기꺼이 무간지옥까지 들어간다네,
백조가 연꽃호수에 들어가듯.

자신을 희생하여
많은 중생 구한 이들,
그들은 빛이 되어
우리들을 비춰주네!

108

모든 중생들이 해탈하면
바다 같은 기쁨이 일어날 텐데,
그 이상 무엇을 얻겠다고
자기 자신만의 해탈을 바라는가?

109

남들의 행복을 위해 일하더라도
교만하거나 잘난 척하지 말아야 한다네.
남들의 행복 자체가 자신의 행복인데
뭘 더 기대하랴?

잘난 사람은
잘난 척하지 않네!

110

아무리 작은 불쾌한 것들로부터라도
자기 자신을 보호하듯이
우린 자비심을 갖고
남들을 보호해야 하네.

111

다른 두 사람의 피와 정액이 합쳐져
만들어낸 이 몸에 '나' 가
실제로 존재하지 않는데도
우리는 존재하는 것처럼 생각하네.

112

그렇다면 어째서 남의 몸을
'나' 라고 부르지 못하고
반대로 나의 몸을 '남' 이라고 생각하기
어려운가?

'너' 가 있어
'나' 가 있네!

113

자기 자신을 귀하게 여기는 단점과
남들을 귀하게 여기는 많은 장점을 알았으니
이젠 나를 귀하게 여기는 것을 버리고
남들을 귀하게 여기는 것을 익혀야겠네.

나는 하나인데
남들은 무수하니
누가 더 중요하랴?

114

손과 발을 자기의 몸의
일부라고 생각하듯이
모든 중생들을 한 덩어리의
일부라고 생각해야 하지 않겠는가?

"모든 중생들이 나의 적이
된다 해도 내가 그들을
내 목숨보다 더
귀하게 여기게 하소서!"

115

'나' 가 없는 이 몸에 대해서 습관을 통해
'나' 라는 생각이 일어났듯이,
중생들의 이 덩어리에 대해서도 습관을 통해
'나' 라는 생각을 일으켜야 하지 않겠는가?

116

그러므로 남들을 위해 일할 때
교만하거나 잘난 척하지 말아야 한다네,
자기가 자기 자신을 먹여줄 때
아무 보답도 기대하지 않듯이.

기대는
이기적인 것,
자연적인 흐름을
방해하네.

117

그러므로 자기 자신을 고통으로부터
보호하듯이,
자비심을 갖고 남들도 고통으로부터
보호해주어야 하네.

이 세상의 모든 악과 고통이
저에게서 정화되어
선과 행복으로
퍼져 나가소서!

118

이것이 곧 관세음 보살님께서 대자비심에서
자신의 이름에 가피를 내리신 까닭이라네,
대중 앞에 섰을 때의 두려움 같은
두려움까지도 없애 주시기 위해.

위험에 빠져 있을 때 관세음
보살님 이름을 세 번 부르면
위험에서 해방된다고 합니다.

119

어떤 수행이 어렵다고
우리는 돌아서서는 안 되네.
습관을 들이면 쉬워지니까,
한때 무섭던 사람이 자꾸 보면 보고 싶어지듯.

120

자기 자신과 남들을
재빨리 보호하려는 사람들은 자기 자신을
남들과 바꾸는 수행을 해야 하는데,
이것은 아주 신비한 수행이라네.

'나'를 '너'와 바꾸면
'나'는 '너'가 되고
'너'는 '나'가 되니,
우린 하나 되네.

121

자기 몸에 대한 집착 때문에
우리는 작은 위험도 두려워한다네.
그렇다면 몸에 대한 집착을 무서운
적같이 싫어해야 하지 않겠는가?

내 몸도 실체가 없고
내 맘도 공하니
어디에
집착하랴?

122

배고픔과 목마름, 질병을
해결하기 위해 우리는
새와 물고기 같은 동물을 죽이고
때로는 사람들까지 공격하네.

123

어떤 이들은 자기 몸을 위해
자기 부모까지 살해하거나
삼보에 올린 공양물까지 훔치는데,
그 결과로 그들은 무간지옥에 간다네.

오무간업 :
• 아버지를 죽이는 것
• 어머니를 죽이는 것
• 아라한을 죽이는 것
• 승가의 화합을 깨뜨리는 것
• 부처님의 몸을 손상하는 것

124

그러니 어떤 지혜로운 사람이
자기 몸을 애지중지하고 보호하겠는가?
자신에게 그토록 위험한 적인데
누가 그것을 무시하고 경멸하지 않겠는가?

125

"내가 이걸 주면, 내게 무엇이 남지?"
이것은 굶주린 귀신의 마음이고
"내가 이걸 가지면, 남들에게 뭘 주지?"
이것은 깨달은 이들의 마음이네.

126

자신을 위해 남을 해치면
나중에 지옥에서 고통 받게 되지만
남들을 위해 자기가 해를 입으면
하는 일마다 성공하게 된다네.

자기 자신만 생각하는
작은 마음으로
어떻게 큰 행복을
맛볼 수 있으랴?

127

자기 자신을 존중하게 되면
악도에서의 환생과 낮은 지위, 어리석음을
얻으나, 남들을 존중하게 되면,
선도에서 태어나고, 존경과 지혜를 얻네.

자신을 위하는 건
윤회의 길,
남들을 위하는 건
열반의 길!

128

자기 자신을 위해 남들을 부리면
자기가 부림을 받게 되지만,
남들을 위해 자신을 부리면,
자기가 남들을 부리게 된다네.

129

이 세상의 모든 행복은
남들의 행복을 바라는 데서 오고,
이 세상의 모든 불행은
자기 자신의 행복을 바라는 데서 오네.

바보는 자기만 생각해
자기도 남들도 손해 보지만
지자는 남들을 먼저 생각해
자신도 남들도 이익 보네.

130

더 이상 무슨 말이 필요하랴?
어리석은 이들은 자기 자신의 이익을
추구하나, 깨달은 이들은 남들을 위해
일하신다네. 이 둘의 차이를 보게!

131

자신의 행복을 남들의 불행과
바꾸지 않으면
결코 부처가 될 수 없고, 윤회의
세계에서도 행복을 얻을 수 없다네.

남들을 먼저 생각
하는 것, 그것은
자기 자신을 위하는
가장 확실한 길이네.

132

다음 생은 그만두고,
금생에서의 소망도 이루어지지 않는다네.
하인이 해야 할 일을 하지 않는데
어떤 주인이 제대로 보상해 주겠는가?

133

남들을 귀하게 여기지 않으면
금생과 내생에서 행복을 얻을 수 없고,
실제로 남들에게 해를 끼치면 자기 자신에게
견딜 수 없는 고통을 가져온다네.

내가 귀하니
남도 귀하네!

134

이 세상의 모든 재난과
두려움과 고통은
자기 집착에서 나오는데,
자기 집착이 무슨 소용이 있는가?

남들이 행복해야
우리도 행복할 수 있으니
남들의 행복이 우리들의
행복의 필수조건이네.

135

자아를 버리지 않으면
고통은 면할 수가 없다네,
불을 피하지 않으면
불에 타는 것을 피할 수 없듯이.

136

그러므로 자신의 고통을 없애고
남들의 고통을 없애려면
자기 자신을 남들에게 주어버리고
그들을 자기 자신처럼 귀하게 여겨야 하네.

137

마음이여, 이렇게 결심하라 :
"나는 이제 남들의 지배 밑에 있다."
지금부터 그대는 아무 생각도 하지 말고
모든 중생들의 행복만 생각해야 하네.

남들의 행복에 관심을
갖는 것 자체가 자기
자신의 내부에 더 큰
행복을 만들어 준답니다.

138

나의 눈과 같은 감각기관들은
이제 남들의 것이므로,
나는 나 자신을 위해 그것들을 사용하지 말아야 하고
남들의 행복에 해가 되게 사용하지도 말아야 하네.

139

이젠 남들이 나의 주 관심사이므로
내가 생각하기에 나 자신에게
속하는 모든 것을 동원하여
남들을 위해 사용해야 하네.

여기에 길이 있습니다.
남들을 먼저 섬겨
자기도 섬길 수 있는
신비한 길이 있습니다!

140

나 자신보다 더 낮거나 높거나 동등한
모든 사람들을 나 자신이라 생각하고
나 자신을 남이라 생각하며, 딴 생각하지
말고, 시기 · 교만 · 경쟁심을 겪어봐야 하네.

"나와 남 바꾸기 수행"

141

"그는 존경받으나 나는 존경받지 못하고,
그는 부유하나, 나는 가난하네.
그는 칭찬받으나, 나는 비난받고,
그는 행복하나 나는 불행하네."

142

"나는 할 일이 많으나
그는 편안하게 살고,
그의 명성은 온 세상에 자자한데,
나의 명성은 좋은 점이 없다는 것뿐이네."

입장을 바꿔보면
모두가 '나' 인데
누굴 사랑하고
누굴 미워하랴?

143

" '뭐라고? 내게 좋은 점이 없다고? '
아냐. 내게도 좋은 점이 있다네.
그는 어떤 사람들보다 못하지만,
나는 어떤 사람들보다 더 낫다네."

모두를 '나' 로 보는
이런 지혜 갖기 전엔
우린 모두 작은 자아,
거기 갇힌 노예이네!

144

"나의 지계와 지혜가 후퇴한 것은
나의 뜻이 아니라 번뇌 때문이네.
그는 최선을 다해 나를 바로잡아 줘야 하네,
난 어떤 어려움도 감수할 테니까."

145

"만일 그가 나를 바로잡아줄 수 없다면
어째서 그는 나를 멸시하는가?
그의 좋은 점이 내게 무슨 소용인가?
그가 그걸 날 위해 사용하지 않는다면."

지혜는 자비의 친구,
멸시를 모르네.

146

"악도의 문턱에 서성이는 중생들에 대한
자비심이 그에게는 없을 뿐만 아니라,
자신의 좋은 점에 대해 교만하고,
게다가, 현인들과 경쟁하려 든다네."

지혜는 협동의 친구,
경쟁을 모르네.

147

"그는 나와 동등하다고 여겨진다.
그러나 내가 그를 능가하기 위해
재물과 명성을 획득하고
토론에서 그를 이겨야겠네."

148

"나의 공덕은 온 세상에 알리고
모든 수단을 동원하여
그가 갖고 있는 좋은 점들은
아무도 알지 못하게 하겠네."

149

"나의 허물은 숨기고 그의 것은 알리고,
나는 공양을 받고 그는 못 받게 하고,
나는 많은 재물을 획득하여
존경을 받고 그는 그러지 못하게 하리라."

내가 보는
이 허물은
그의 허물이 아니라
나의 미혹의 허물이네!

150

"마침내 사방으로부터
그가 조롱받고 비난받아
기가 꺾이는 것을 지켜보며
나는 기뻐하리라."

151

"그래, 이 가엾은 인간이 나와
경쟁하려고 한다는데, 어떻게
그가 나와 맞먹을 수 있단 말인가?
배움이나 외모, 가문이나 재산에서."

이렇게 입장 바꿔보면
'나'가 얼마나
부끄러운 존재인지
보게 되리라!

152

"아무쪼록 나의 좋은 점들이
모든 중생들에게 알려져서
그들이 모두 등골이 오싹해질 정도로
기쁨의 전율을 느끼길!"

153

"설사 그에게 재산이 있다 해도
강제로 빼앗고 그에게는 목숨을
이어가는 데 필요한 만큼만 줘야겠다,
그는 나를 위해 일하니까."

남에게서 뺏은 재산,
그건 내 재산 아니네.
그건 반드시 여러 배로
갚아야 할 부채라네.

154

"나는 그의 행복을 빼앗고
끊임없이 그가 고통을 받게 하겠네,
그 때문에 우리는 모두 수백 번
윤회의 고통을 겪어왔으니까."

남에게서 뺏은 행복,
그건 나의 행복 아니네.
그건 반드시 여러 배로
갚아야 할 고통이라네.

155

셀 수 없는 겁(劫)이 지나가는 동안
그대는 자신의 이익만 추구했네.
그러나 그대가 그토록 애를 썼지만
그대가 얻은 것은 고통뿐이었네.

자신의 이익만
추구하는 사람에겐
자기가 자신의
가장 큰 적이다!

156

그러므로 그대는 이것을 알아야 하네.
그대 자신을 완전히 주어버리고 남들의
행복을 위해 일해야, 부처님의 가르침대로,
그대가 무량한 행복을 누릴 수 있다는 것을.

157

만일 그대가 과거에 이 가르침을
받아들여 실천했더라면
지금 그대는 부처님의 최고의 안락을
누리고 있을 것이네.

이 놀라운 가르침을
무시하고 지나가버리면
그댄 자신의 작은 세계에서
결코 벗어나지 못하리!

158

그대가 남의 피와 정액을
그대 자신의 것처럼 생각하고 집착하듯이,
이제 남들을
그대 자신이라고 생각하게.

159

그대 자신을 철저히 조사하여
그대가 남들을 위해 일하는지 확인하라.
무엇이든지 그대가 소유하고 있는 것을 갖고,
이젠 그들에게 이익이 되게 사용하라.

그대 안에서
놀라운 변화가
일어날 때까지
두고두고 명상하라!

160

나는 행복한데 남들은 불행하고,
나는 지위가 높은데 남들은 낮고,
나는 도움을 받는데 남들은 버림을 받으니,
나 어째서 나 자신이 부럽지 않은가?

161

자신의 행복은 남들에게 주고 대신
자신은 그들의 고통을 떠맡아야 하네.
끊임없이 자신의 행동을 조사하여
허물이 있는지 알아야 하네.

행복은 남들 주고
고통은 내가 맡아
행복으로 바꿔주니
행복은 늘어나리.

162

남들이 어떤 잘못을 저지르면
자신이 그 책임을 떠맡고,
자기가 작은 잘못이라도 저지르면
여러 사람들 앞에서 고백해야 하네.

163

남들의 명성은 더 멀리 퍼뜨려
자신의 명성보다 더 빛나게 하고
자기 자신을 하인으로 생각하여
모든 사람들을 위해 일해야 하네.

내가 떠안은 남의 고통
내 안에서 정화되어
내 업장 녹여주며
기쁨 되어 떠나가네!

164

자기 자신은 허물로 가득 차 있으므로
좋은 점이 있다고 칭찬하지 말고
자신이 좋은 점을 갖고 있더라도
몇몇 사람들조차 모르게 해야 하네.

165

지금까지 우리는 자신을 위해
남들에게 많은 해를 끼쳤습니다.
앞으로는 남들을 위해 그 해가
돌아와 우리에게 떨어지소서!

지금까지 저 때문에
조금이라도 해를 입은
모든 어머니 중생들께
참회하며 용서를 빕니다!

166

거만하거나 독선적으로
행동하지 말고,
새 신부처럼 겸손하고
수줍어하며 자제해야 하네.

167

이기적인 마음이여, 그대는 이런 식으로
악행을 피해야 하네.
그렇게 하지 않으면 억념과 정지로
그대를 조복하겠네.

앞으로는 두 번 다시
해를 끼치지 않도록
억념과 정지로 항상
절 다스리겠습니다.

168

만일 그대가 지시받은 대로
행하지 않으면,
그대가 나의 모든 불행의 원인이니
그대를 완전히 없애 버리겠네.

169

그대가 나를 지배할 수 있었던
때는 지나가 버렸네.
이제 그대의 정체를 알았으니
그대가 나타나면 없애 버리겠네.

170

이제 나 자신을 위해 일하겠다는
생각은 모두 물리치겠네.
이기적인 마음이여, 이제 널 남들에게
팔아넘겼으니 불평 말고 봉사하게.

알고 보니
이기는
이기(利己)가 아니라
해기(害己)네!

171

만일 내가 방일해서
그대를 남들에게 넘겨주지 않으면
그대는 틀림없이 나를 넘겨줄 것이네,
저 무서운 지옥의 옥졸들에게.

이기적인 마음이
내 모든 고통의
원인임을
나 이제 알았네.

172

과거에 그대가 너무도 자주 그렇게 하여
오랫동안 나는 고통을 겪었네.
그러나 이제 내 마음은 원한으로 가득 차
이기적인 그대를 쳐부수고야 말 작정이네.

173

그래서 내가 행복하려면

나는 남들을 행복하게 만들고

나 자신을 보호하려면

나는 항상 남들을 보호해야 하네.

174

우리가 육체의 욕망을

채우려 하면 그만큼,

우리는 불만을 얻게 된다네,

그 욕망이 충족되지 않을 때에.

콩 심은 데
콩 나듯
행복 심은 곳에
행복 나네!

175

이기적인 마음의 욕망은

이 세상의 모든 재물로도

만족시킬 수 없는데

어떻게 그 욕망을 모두 충족시킬 수 있겠는가?

욕망의 불이 타면
불만의 재만 남네!

176

욕망이 충족되지 않으면

번뇌와 불만이 일어나지만,

욕망이 없으면

불만도 일어나지 않네.

욕망은 동요
무욕은 고요

177

그러므로 우리는 육체적인 욕망이
증가하도록 결코 내버려둬서는 안 되네.
마음을 끄는 대상에 집착하지 않는 사람은
가장 좋은 재산인 만족을 얻네.

178

우리의 몸은 몹시 불결한 형체이고,
마음에 의지하지 않으면 움직이지도 못하며,
종국에 가서는 완전히 허물어질 텐데,
어째서 그걸 '나' 라 하여 집착하는가?

욕망 늘어나면
불만 늘어나네.

179

살아있건 죽었건
이 기계에 집착해 봤자 무슨 이득이 있는가?
이것은 흙덩어리나 다름없는데
어째서 '나의 몸' 이라는 아만을 버리지 않는가?

지혜의 눈으로 보면
'내 몸', '내 맘'
어디에도 없으니
집착은 당치 않네.

180

육체의 욕망을 보살펴 주느라
우리는 의미 없는 많은 고통을 겪었네.
도대체 나무토막이나 다름없는 것을 두고
화를 내거나 집착해 뭘 하겠는가?

181

내가 이렇게 돌보든
남들이 해치게 내버려 두든
육체 자체는 집착도 화도 모르는데
어째서 우리는 그토록 집착할까?

내 몸은
내 것이 아니네,
그건 모든 어머니
중생들의 몸이네.

182

육체는 모욕을 줘도 화낼 줄
모르고, 칭찬해 줘도
기뻐할 줄 모르는데,
어째서 우리는 그렇게 애쓸까?

내 맘도
내 것이 아니네,
그건 모든 어머니
중생들의 맘이네.

183

만일 자기 몸을 소중하게 여기는 것이
자기한테 매우 유익하기 때문이라면,
모든 중생들도 우리에게 매우 유익한데,
어째서 그들을 소중히 여기지 않는가?

그대와 남들 사이
모든 차별 버려야
그대가 남들에게 봉사할
자격이 있네.
— 밀라레파

184

그러므로 우리는 모든 집착에서 벗어나
모든 중생들을 위해 우리의 몸을 주어버려야 하네.
그러나 우리가 다른 사람들을 위해 일하는 동안
우리의 몸은 돌봐야 하네, 허물은 많아도.

185

그리하여 모든 어리석은 행동을 그만두고
현명한 보살님들의 길을 따라서
불방일(不放逸)에 관한 그들의 충고를 되새겨
잠과 혼침(昏沈) 같은 것을 쫓아버려야 하네.

186

정복자 부처님의 자비로운 아들, 딸답게
온갖 어려움을 극복하고
밤낮으로 끊임없이 정진하지 않는다면
언제 우리의 고통이 끝나겠는가?

지계(持戒)란 장신구로 자신을 장식하고
양피로 만든 인욕(忍辱)이란 옷을 입고
정진(精進)이란 경이로운 말을 타고
선정(禪定)이란 신성한 도시에 들어가라.
― 밀라레파

187

그러므로 두 가지 장애를 없애기 위해
마음을 항상 선정에 두고
모든 그릇된 길에서 벗어나서
올바른 명상의 대상에 집중해야 하네.

올바른 명상의 대상 :
= 공(空)에 대한 바른 견해
= 올바른 공관(空觀)

두 가지 장애 :
소지장과
번뇌장

사랑(慈)에 대한 불교의 견해

정의 : 남들이 행복하길 바라는 것

사랑의 "가까운 적" : 조건적인 사랑

사랑의 반대 : 남들이 불행하기를
바라는 것(분노, 미움)

사랑에 관해 피해야 할 것 : 애착

조건적인 사랑은 조건에 따라 변할 수
있는 불완전한 것이므로 조건을 초월한
참된 사랑에 해를 끼치고, 애착은 상대뿐만
아니라 자기 자신도 속박하는 번뇌다.

09

지혜(智慧)바라밀
초월적 지혜

여기 놀라운 진리가 있습니다.
몇 생을 통해서도 만나기 어려운
최고의 행복, 부처님의 깨달음으로 이끄는
바로 그 최고의 진리가!

나 자신과 같은 이들이여, 깨달으소서,
모든 것은 허공과 같다(공하다)는 것을.
이것은 윤회의 뿌리를 자를 가장 예리한 칼이요,
깨달음으로 이르는 가장 중요한 길입니다.

색(色)과 공(空)을 같게 보는 이는
바른 견해[正見]의 경지에 도달했네.
-밀라레파

불법의 바퀴 — 부처님의 가르침이 영원히 '굴러감' (계속됨)을 상징함

1

부처님께서 설하신 모든 방편수행들은
궁극적으로 지혜를 개발하기 위한 것입니다.
공(空)을 깨닫는 지혜가 있어야 (윤회의)
고통으로부터 벗어날 수 있기 때문입니다.

지혜바라밀에 관한 가르침을
들음으로써 나머지 다섯 바라밀을
열 겁 동안 수행하는 것 보다
훨씬 더 많은 공덕을 얻는답니다.

2

진리에는 두 가지가 있는데,
세속적인 것과 궁극적인 것입니다.
궁극적인 진리는 지성의 범위 안에 있지
않습니다, 지성은 세속적인 진리이기 때문입니다.

세속적인 진리 = 외부 현상
= 상대적인 현실(공이 아닌 것)
궁극적인 진리 = 내부 실상
= 절대적인 현실(공)

3

사람들은 두 종류로 구별됩니다,
수행자와 일반인으로.
일반인들의 견해가 그릇됨을
수행자들의 견해가 보여줍니다.

올바른 봄은
궁극적 진리를 보고
그릇된 봄은
상대적 진리를 본다.

4

깨달음의 차이 때문에
수행자들의 견해에도 차이가 있습니다.
낮은 수행자들의 견해가 그릇됨을,
더 높은 수행자들의 견해가 보여 줍니다.

공(空)
(산스크리트어) SUNYATA
(영어) emptiness, voidness

5

일반인들은 현상을 보고 그것이 실제로
존재하고 환영이 아니라고 생각하는데,
이 점에서 일반인들과 수행자들의
견해는 일치하지 않습니다.

외부 세계는 모두 환영이니
난 내부 마음 관찰한다네.
— 밀라레파

6

눈에 보이는 형상과 같은 직접적인 인식의 대상이
일반인들은 실제로 존재한다고 생각하지만,
그것은 불결한 것을 깨끗하다고 보는 것과
마찬가지로 그릇된 견해입니다.

공(空)은 지혜의 대상.
공을 생각하라,
기쁠 때도,
슬플 때도!

7

인연에 따라 생긴 현상이 무상하다고
부처님께서 설하신 것은 그것이 궁극적으로는
존재하지 않는다는 것을 보여주시기 위해섭니다.
현상은 다만 세속적으로 존재할 뿐입니다.

다른 것에 의존하지 않는 것은
어디에도 존재하지 않는다.
그러므로 영원한 것은
어디에도 존재하지 않는다.
— 아리아데바(聖天)

8

일반인들은 눈에 보이는 것들이 영원하고
우리의 몸이 깨끗하다고 믿고 있지만,
깨달은 이들에 의하면 모든 것은
무상하고 우리의 몸의 본성은 불결합니다.

모든 것은 끊임없이 변하므로
모든 현상은 과정에 불과하다.
그러므로 영원히 존재하는
것은 아무것도 없다.

9

(반론) 어떻게 환영 같은 부처님께 공양을 올리는데
실제의 부처님께 공양을 올리는 것처럼 공덕이
나옵니까? 중생이 환영과 같다면
어떻게 그가 죽은 뒤에 다시 태어날 수 있습니까?

10

(중관) 조건들이 모여 있는 한
환영도 지속됩니다.
단지 오래 지속된다는 이유만으로 어떻게
중생들이 실제로 존재한다고 볼 수 있습니까?

중관론자들은 모든 것이
실체가 없다고(空하다고)
주장한다. 그래서 중관론은
흔히 공의 이론이라 불린다.

11

(유식) 의식이 존재하지 않는다면,
환영 같은 사람을 죽여도 죄가 없을 것입니다.
(중관) 그와 반대로, 의식이 존재한다는 환영(착각)을
갖고 있으면 선과 악이 일어납니다.

유식학자들은 의식
(마음)만 실제로
존재한다고 주장한다.

12

마술사가 만든 여자 환영에게는 마음이 없습니다.
마술에는 마음을 만들어낼 능력이 없으니까요.
그러나 환영은 다양한 원인 때문에 일어나고
환영의 종류도 다양합니다.

실제로 존재하는 것은
변하지 않고, 변하지 않는 것은
아무것도 할 수 없으므로
마음은 실제로 존재한다고
볼 수 없다.

13

(유식) 윤회의 세계가 자연 상태의 열반이라면
중생들은 열반상태에 있을 테고,
열반하신 부처님들도 윤회 속에 계실 텐데,
부처가 되기 위한 수행이 무슨 의미가 있습니까?

14

(중관) '자연 상태의 열반'은 부처님들이
이루시는 '실제의 열반'과 같지 않습니다.
윤회의 원인인 무명을 제거해야 열반이 가능
합니다. 원인을 제거해야 환영도 제거됩니다.

열반(nirvana) : 모든 그릇된
생각과 상충하는 감정이
'꺼진(그친)' 상태

15

윤회의 원인이 중단되면
그것은 세속적으로도 일어나지 않습니다.
(유식) 모든 현상이 실제로 존재하지 않는다면
무슨 의식이 환영 같은 대상을 인식할 수 있습니까?

무엇이든 우리들을
속박하는 것은
우리들을 해방하는
길이 될 수 있다!

16

(중관) 환영 같은 현상이 존재하지 않는다면
현상에 대한 인식자 같은 것도 존재할 수 없습니다.
(유식) 현상은 마음 자체의 본성으로 존재하나
의식이 없으므로 마음 자체는 아닙니다.

인식자 = 마음 = 의식

17

의식에는 대상을 인식하는 양상과
의식 자체를 인식하는 양상이 있습니다.
(중관) 부처님께서 설하신 바에 의하면
마음은 마음 자체를 인식할 수 없습니다.

의식 = 마음

18

칼이 스스로를 자를 수 없듯이
마음도 스스로를 보지 못합니다.
(유식) 등불이 스스로를 비출 수 있듯이
마음도 스스로를 볼 수 있습니다.

마음은 마음을
보지 못한다.
(心不見心)

19

(중관) 등불은 스스로를 비출 수 없습니다,
어둠이 스스로를 가릴 수 없듯이.
(유식) 수정과 달리 청금석같이 본래 푸른 것은
다른 것에 의존해서 푸르게 보이는 것이 아닙니다.

빛의 기능은 어둠 속에 있던 것을
드러내주는 것인데, 빛은
자기가 어둠 속에 있지 않으므로
자기 자신을 비춰줄 수 없다.

20

눈의 의식(시각) 같은 것은 대상과 관련되어 있으나
마음은 대상과 관계없이 존재합니다.
(중관) 청금석을 푸르게 만드는 것은 스스로가
아니라 다른 원인과 조건들입니다.

21

(유식) 등불이 스스로를 비추지 않는다는 것을
인정하지만 그래도 그 본성은 비춤입니다.
(중관) 마찬가지로 마음이 스스로를 알지 못하는데,
그렇다면 무엇이 마음을 인식합니까?

빛이 밝혀주는 것은
어둠 속에 놓여있는
외부 대상이지,
빛 자체가 아니다.

22

무엇이 마음을 인식하는지 모른다면
마음이 스스로를 아는지 모르는지 논의하는 것은
아이를 못 낳는 여자의 딸의 아름다움에 대해
얘기하는 것과 마찬가지로 무의미합니다.

23

(유식) 만일 마음이 스스로를 알지 못하면,
어떻게 그것이 알고 있던 것을 기억합니까?
(중관) 기억은 다른 경험과 관련해서 일어납니다, 들쥐한테
물려 아플 때 그 독이 자기 몸에 들어온 것을 기억하듯이.

우리가 알 수 있는 것은
마음이 아니라 마음이란
그 허공에 일어나는
생각이나 느낌이다.

24

(유식) 어떤 사람들은 멀리 떨어져 있는 남들의 마음도 볼 수 있는데,
어떻게 아주 가까이 있는 자신의 마음을 볼 수 없겠습니까?
(중관) 마법의 아이로션을 바르면 땅속 깊이 묻혀있는 보물도
볼 수 있으나 로션 자체는 볼 수 없는 거나 마찬가집니다.

25

우리의 목적은 시각이나 청각 같은 것을
반박하는 것이 아니고,
그런 것이 실제로 존재한다는 생각을 반박
하는 것입니다, 그것이 고통의 원인이니까요.

아무것도 실제로 존재하지
않는다는 사실을 알면 우리는
아무것에도 집착하지 않을 테니
아무 고통도 겪지 않을 것이다.

26

(유식) 환영 같은 현상은 마음이 아닌
외부 대상도 아니고 마음 자체도 아닙니다.
(중관) 외부 대상의 존재를 주장하는 것, 그리고 외부 대상과
의식의 존재를 주장하는 것은 둘 다 그릇된 견해입니다.

27

의식의 대상이 환영과 같고 존재하지 않듯이
의식 자체도 환영과 같고 존재하지 않습니다.
(유식) 윤회의 기반은 실제로 존재하는 것이거나
아니면 허공과 같이 완전히 비어있을 것입니다.

만일 실제로(즉, 영원히) 존재하는
세계가 있다면 거기에서는
어떤 변화도 일어날 수 없다. 영원한
것은 변할 수 없기 때문이다.

28

(중관) 만일 윤회의 삶이 실제로 존재하는
기반을 갖고 있다면, 어떻게 그런 세계에서
태어나고 벗어날 수 있겠습니까? 왜냐하면 그대의
생각에 의하면 마음은 독립되어 있기 때문입니다.

우리가 사는 세계에서
변화가 일어날 수 있는 것은
아무것도 실제로 존재하는
것이 없기 때문이다.

29

만일 마음이 독립적으로 존재한다면
모든 중생들은 부처님들일 것입니다.
그러니 마음만이 존재한다고 주장해봐야
무슨 이득이 있습니까?

어떤 것이 실제로 존재하려면,
그것은 모든 다른 것들로부터
독립되어 있어야 한다.

30

(유식) 모든 것이 환영과 같다는 것을 깨닫는다고
어떻게 번뇌가 그치겠습니까?
환영 같은 여자를 만들어놓은 마술사에게서조차
그녀에 대한 욕정이 일어나는데요.

쓸데없는 번뇌를
키우지 말고,
그대의 마음을 자연스레
흐르게 하라.
— 밀라레파

31

(중관) 그것은 그들이 그러한 대상을 탐내는
번뇌의 습기를 버리지 못했고,
그 대상들이 실제로 존재하지 않는다고
보는 습성이 약하기 때문입니다.

수행은 이론과 실천
사이의 간격을
줄여가는
과정

32

공(空)을 보는 습관을 개발함으로써
실체가 존재한다고 보는 습관이 사라지고
모든 것은 실체가 없다는 견해를 익힘으로써
이 견해 자체도 나중에는 사라집니다.

지혜로운 이들은
중도에도 머무르지
말아야 한다.
— 나가르주나

33

(유식)만일 아무것도 존재하지 않는다면
인식할 대상이 없다는 말인데,
어떻게 기반이 없는 비존재가
마음 앞에 남아있을 수 있습니까?

"그게 있다"고 말하는 것은 상견(常見)이요,
"그게 없다"고 말하는 것은 단견(斷見)이다.
그러므로 지혜로운 이는 존재에도
비존재에도 머물지 말아야 한다.
— 나가르주나

34

(중관) 마음 앞에 존재도 비존재도 남아있지
않을 때는 집착할 대상이 없으므로
마음은 관념적인 활동이 없는
완전한 평정 속에 머뭅니다.

상견(eternalism) : 모든 것이
존재한다는 견해
단견(nihilism) : 아무것도 존재
하지 않는다는 견해

35

여의주와 여의수(如意樹)가 관념적인 마음은
없지만 중생들의 소원을 이뤄주듯,
부처님들께서도 관념은 갖지 않고 계시지만
중생들을 위해 법륜을 굴리십니다.

우리가 인식할 수 있는 것은
현실 자체가 아니라 현실에
대한 관념일 뿐이므로
관념은 무지에 속한다.

36

독을 제거하기 위해 치료사가 만들어
진언으로 봉헌해 놓은 나무 기둥이
만든 이는 오래 전에 세상을 떠났지만
아직도 독을 없애주듯이,

37

어떤 보살님이 공덕과 지혜를 쌓아
부처님이라는 기둥을 세워 놓으시고
열반하셔도 그는 계속해서 중생들의
소원을 이루어 주십니다.

지혜바라밀이 '어머니'라고
불리는 것은 모든 삼세의
부처님들께서 이 바라밀로부터
태어나셨기 때문이다.

38

(소승) 어떻게 모든 관념으로부터 해방된 분들께
공양을 올리는 것이 공덕을 낳을 수 있습니까?
(중관) 경전에 의하면 부처님이 계시거나 열반하셨거나
그에게 올린 공양은 마찬가지 공덕을 준다고 합니다.

대승(큰 수레)은 모든 중생들을
위해 부처가 되는 것을
목표로 삼는데,
소승(작은 수레)은 개인의
해탈을 추구한다.

39

경전에 의하면, 실제 부처님께 공양을 올리면
공덕을 얻듯이, 믿음의 정도에 따라,
부처님께서 인습적으로 계시든 궁극적으로 계시든,
부처님께 공양을 올리면 공덕을 얻는다고 합니다.

40

(소승) 네 가지 진리(사성제)를 깨달으면 해탈을 얻을
수 있는데 뭣 때문에 이런 공관(空觀)이 필요합니까?
(중관) 경전에 의하면, 공을 깨닫지 못하면
성불은 그만두고 해탈도 할 수 없기 때문입니다.

귀신이 있다고 주장하는 건
해를 가져올 뿐이고,
귀신이 존재하지 않음을
아는 건 붓다의 길이며,
귀신과 현실[空]이 하나임을
아는 건 해탈의 길이라네.
— 밀라레파

41

(소승) 대승경전은 부처님의 말씀임이 확인되지 않았습니다.

(중관) 어떤 식으로 그대의 경전은 확인됩니까?

(소승) 그것은 우리들 쌍방에 의해 확인됩니다.

(중관) 처음부터 그것은 그대들을 위해 확인되지 않았습니다.

42

그러므로 그대들이 소승을 받아들이는 기준을
대승에게도 똑같이 적용시켜야 합니다. 만일
어떤 것을 두 다른 측이 인정하는 것이 기준이라면
베다와 같은 경전도 불교경전으로 보아야 할 것입니다.

> 소승도 부처님 가르침
> 대승도 부처님 가르침
> 문제는 수레가 아니라
> 거기에 실린 내용이네.

43

만일 대승경전이 반박받기 때문에 배척한다면
그대들의 경전도 배척해야 합니다.
그것이 외도들에게 반박당하고 있고, 경전의 일부는
그대들 자신과 남들이 반박하고 있으니까요.

44

대부분의 대승경전은 삼학의 모든 것을 가르치므로
마땅히 삼장 안에 포함시켜야 합니다.
어째서 초전법륜의 가르침은 받아들이면서
제2법륜과 제3의 법륜은 받아들이지 않습니까?

> 삼학(三學) :
> 계율(戒律), 선정(禪定), 지혜(智慧)
> 삼장(三藏) :
> 경장(經藏), 율장(律藏), 논장(論藏)

45

부처님께서는 모든 고통의 원인인 번뇌라는 질병을
치료하시기 위한 약으로 가르침을 펴셨습니다. 그대가
더 높고 심오한 가르침을 이해하지 못한다고 부처님의
가르침을 가르침이 아니라는 결론을 내려서는 안 됩니다.

고통의 원인은 번뇌
번뇌의 원인은 무지
무지의 해결은 지혜

46

가섭 존자는 부처님의 가르침 가운데 많은 것(대승경전,
주로 반야경)을 모으셨으나, 소승의 비바사는
반야경의 심오한 의미를 이해하지 못해서
부처님의 가르침이 아니라고 주장합니다.

비바사(Vaibhashika) :
실재론자

47

불법의 주수지자는 열반에 도달한 아라한이었다고 하는데,
그대들 실재론자들은 그들이 진짜 아라한이 아니라고
주장합니다, 그대들의 견해에 의하면 그들의 마음이
실제로 존재하는 것에 아직도 집착하고 있기 때문에.

수지(受持) : 받아서 잊지
않고 마음속에 새겨 가짐

48

(실재) 그들이 열반 또는 해탈에 도달하여 아라한이 된 것은
번뇌를 버렸기 때문입니다.
(중관) 드러난 번뇌만 버리면 아라한이 되는 것처럼 생각하나,
그에게는 아직도 윤회 속에 다시 태어날 업의 잠재성이 있습니다.

실재 = 실재론자(현상이
실제로 존재한다고
생각하는 사람)

49

(실재) 아라한이 버리는 것은 일시적인 것이 아닙니다. 그들은
윤회에서 다시 태어나지 않습니다, 그들은 탐욕을 버렸기 때문입니다.
(중관) 그러나 그들에게 비번뇌의 무명이 있다고 그대들이 주장하듯이
그들에게는 비번뇌의 탐욕도 있다고 주장해야 하지 않습니까?

50

이들 소위 아라한들에게 즐거운 느낌이 있는데,
이 느낌이 실제로 존재한다고 그들은 이해합니다.
느낌 때문에 탐욕이 생기므로 ,
그들은 틀림없이 탐욕의 지배 밑에 있습니다.

즐거운 느낌은
애착을,
괴로운 느낌은
미움을 일으킨다.

51

공을 깨닫지 못한 사람이 거친 번뇌를 일시적으로
버려도 결국 그 번뇌는 다시 나타납니다.
분별없는 선정이 끝나면 느낌과 분별심이 돌아오듯이.
그러므로 공을 깨달아야 해탈도 가능합니다.

52

무명으로 고통 받는 중생들을 위해 윤회 속에
보살이 남아있을 수 있는 것은 두 가지 극단인
애착과 두려움으로부터 벗어났기 때문인데,
이것은 공에 대한 명상이 맺는 열매입니다.

괴로울 땐
무아를 생각하라.
'나'가 없는데
뭐가 괴롭히랴!

53

그러므로 공을 받아들이기를
거부하는 것은 옳지 않습니다.
오히려, 추호도 의심을 갖지 말고
우리는 공에 대해 명상해야 합니다.

> 내 눈앞에 뭐가 나타나든지
> 난 그게 환영임을 아니
> 난 삼악도가 두렵지 않네.
> — 밀라레파

54

공에 대한 깨달음은 번뇌장(煩惱障)과
소지장(所知障)이란 어둠을 쫓아주는 치료제 인데,
어째서 깨달음을 얻고 싶어 하는 이들이
당장 공에 대해 명상하지 않습니까?

> 모든 장애에 대한 최선의
> 해결책은 공에 대해 명상하는
> 것이라네, 장애는 모두
> 마음의 마술 같은 놀이니까.
> — 밀라레파

55

어떤 것에 대한 두려움이든지
두려움은 윤회의 고통의 주요원인입니다.
그러나 공에 대한 명상은 이 고통을 없애주는데
어째서 공을 두려워합니까?

> 옛날 사람들은 공을 두려워했다.
> 그것은 자기들이 알고있는 것과
> 너무도 달랐기 때문이었다.

56

만일 '나'가 실제로 존재한다면
두려움이 그것을 괴롭힐 것입니다.
그러나 자아나 '나'가 존재하지 않는데
두려움이 괴롭힐 것이 무엇이 있습니까?

> 주객이란 생각
> 품지 않으면
> 어떤 마군도
> 그댈 해칠 수 없네.

57

치아나 머리카락, 손톱은 '나'가 아닙니다.

뼈도 피도 '나'가 아닙니다.

콧물도 가래도 '나'가 아닙니다.

림프액이나 고름도 '나'가 아닙니다.

58

체지방과 땀도 '나'가 아닙니다.

폐와 간도 '나'가 아닙니다.

다른 내장도 '나'가 아닙니다.

대변과 소변도 '나'가 아닙니다.

내 몸도 '나'가 아니고
내 맘도 '나'가 아닌데
'나'가 어디 있는가?

59

살과 피부도 '나'가 아닙니다.

체온과 기(氣)도 '나'가 아닙니다.

신체의 구멍도 '나'가 아닙니다.

여섯 가지 의식도 '나'가 아닙니다.

60

만일 듣는 의식이 영원하다면 그것은

항상 소리를 듣고 있을 것입니다. 그러나

그 소리가 더 이상 존재하지 않을 때에 어떻게

그것이 계속해서 소리를 들을 수 있겠습니까?

영원한 것은
변하지 않으므로
아무것도 하지 못한다.

61

의식할 대상이 없어도 의식이 존재할 수 있다면
나무토막도 의식이 될 수 있을 것입니다.
그러나 의식할 대상이 없으면
아무것도 의식이라고 볼 수 없습니다.

62

어째서 형상을 인식하는 의식이
또한 그것을 듣지 못합니까?
(상캬) 소리가 없기 때문에
소리에 대한 의식도 없습니다.

불교도가 아닌 상캬학파는
자아가 영원하고, 모든 것의
원인인 근본물질(원질)이
있다고 주장한다.

63

어떻게 본래 소리를 인식하는 것이 형상을 인식할 수 있습니까?
(상캬) 한 사람이 아들도 되고 아버지도 될 수 있습니다.
(중관) 그러나 우리가 그렇게 부를 수 있을 뿐이지
실제로 그의 본성은 둘이 아닙니다.

'가'가 아버지이고
'나'가 아들인 경우
'가'와 '나'는
한 사람일 수가 없다.

64

그대들의 주장에 의하면 두 별개(別個)의 개체가
하나의 성질에 속할 수 있다고 하는데, 실제로 그런 것은 없습니다.
그렇다면 소리의 인식자와 형상의 인식자도 하나의 성질에
속한다고 주장해야 하는데, 실제로 그런 것은 없습니다.

65

(상캬) 배우가 다른 역을 맡듯이, 자아가 형상을 인식할 때
소리 인식은 끝납니다.
(중관) 그렇다면 그 자아는 변함없는 것이 아닙니다.
(상캬) 양상은 변해도 본성은 같습니다.
(중관) 소리인식과 형상인식이 같다는 말인데,
이런 것은 들어본 적이 없습니다.

청각과 시각은
대상이 다르므로
같다고 볼 수 없다.

66

(상캬) 양상은 그르나 본성은 하나로 진실하고 변하지 않습니다.
(중관) 양상이 그르다면, 어째서 본성은 진실하다고 주장합니까?
(상캬) 단지 의식 있는 인식자라는 점에서 진실하고 같습니다.
(중관) 그렇다면 모든 중생이 같다는 결론이 나옵니다.

67

게다가, 의식 있는 것과 없는 것이 모두 같다는 결론이 나옵니다.
(상캬) 양상은 그르지만, 전반적인 성격은 같고 진실합니다.
(중관) 개별적인 예가 그르다면 어떻게 전반적인
기반이 진실하다고 주장할 수 있습니까?

68

그대가 주장하는 물질적인 자아는
항아리처럼 의식이 없으므로 자아가 될 수 없습니다.
(외도) 자아는 물질이지만 마음과 관계를
갖고 있으므로 대상을 알 수 있습니다.

중관론의 논리가
얼마나 치밀하고
타당한지 살펴보라!

69

(중관) 만일 자아가 변하지 않는다면 그것이
의식을 갖고 있다고 해서 무엇이 성취됩니까?
의식이 없고 이런 식으로 어떤 활동에도 참가하지
않는 것의 본성은 허공과 같은 것입니다.

변하지 않는 것은
아무것도 할 수 없다.
행위에는 반드시
변화가 따르니까.

70

(외도) 만일 자아가 없다면 행동과
결과의 관련이 가능하지 않습니다,
어떤 행동을 한 사람이 죽으면
누가 그 결과를 겪습니까?

71

(중관) 행동과 그 행동의 결과의 기반은 같지
않으므로 여기에는 자아가 설 자리가 없습니다.
이 점에 관해 그대들과 우리들의 의견이 같으니
더 이상 논의하는 것은 의미가 없습니다.

모든 조건이 끊임없이 변하므로
어떤 행동을 겪을 때의 사람은
그 행동을 한 사람과 다를 것이다.

72

어떤 행동을 하는 때에 그 행동의 결과를 겪을
사람을 보는 것은 불가능합니다. 다만 하나의
마음의 상속체에 우리가 행위의 주체와 행위의
결과의 경험자라는 관념을 부여할 뿐입니다.

"나는 과거에 태어났다"는 주장은
지지할 수 없는 주장이다.
그 과거에 태어난 사람은 바로
이 사람이 아니기 때문이다.
— 나가르주나

73

과거나 미래의 마음은 '나'가 아닙니다.
그것은 존재하지 않으니까요.
만일 현재의 마음이 '나'라면
그 '나'도 다음 순간에는 존재하지 않습니다.

과거는 이미 가고 없어 잡을
수 없고, 미래는 오지 않아
잡을 수 없으며, 현재는
변하고 있어 잡을 수 없다.

74

바나나 나무의 줄기를 조각으로 나눠보면
아무 실체가 없듯이
'나'도 분석해 보면
실제로 존재하는 개체가 없습니다.

외부 세계[法]도 실제로
존재하지 않고[法空],
내부 세계[我]도 실제로
존재하지 않네[我空].

75

(반론) 중생들이 실제로 존재하지 않는다면
자비심은 누구를 위한 것입니까?
(중관) 무지 때문에 자기들이 실제로 존재한다고 생각하는
중생들을 위해 우리는 부처가 되겠다고 약속합니다.

76

(반론) 중생들이 실제로 존재하지 않는다면, 누가
자비에 관한 명상의 결과를 얻습니까?
(중관) 자비도 실제로 존재하는 것은 아니지만 중생들의
고통을 없애기 위해 명목상으로 존재하는 자비는 인정합니다.

명목상으로 = 세속적으로

77

고통의 원인인 '나'에 대한 집착은
자아가 있다는 망상 때문에 증가합니다.
그러므로 '나'에 대한 집착을 끊으려면 무아에
대해 명상하는 것이 최고의 방법입니다.

'나'가 있게 되면 '남'이 있게 되고
나에 대한 애착과 남에 대한 미움이
생겨 이로 말미암아
온갖 허물이 생긴다.
— 다르마키르티(Dharmakirti)

78

몸은 발이나 장딴지도 아닙니다.
넓적다리나 궁둥이도 아닙니다.
그것은 배나 등도 아니며,
가슴이나 팔도 아닙니다.

자신의 마음속에서 마음의
본래의 상태를 명상하면
망상은 저절로 녹아 법계로 들어가니
괴롭히는 자도 괴롭힘을 당하는 자도
볼 수 없다네.
— 밀라레파

79

그것은 손이나 옆구리도 아니고,
겨드랑이나 어깻죽지도 아니며,
목이나 머리도 아닙니다.
그렇다면 이들 중에서 어느 것이 몸입니까?

'나' 안에도 밖에도
아무 것도 없는 경지 —
이것이 공삼매(空三昧),
무아경(無我境)

80

(반론) 몸은 이들 모두 안에 부분적으로
존재한다고 봅니다.
(중관) 부분들 안에 들어있는 것은 부분들일
뿐이니, 몸 자체는 어디에 있습니까?

무아(소승) = 아공(我空)
무아(대승) = 아공(我空) +
법공(法空)

81

만일 몸이 손과 모든 다른 부분들 안에
통째로 존재한다면,
얼마나 많은 부분들이 있든지 간에
그 부분들만큼 많은 수의 몸이 있을 것입니다.

82

몸은 내부에도 없고 바깥에도 없는데,
어떻게 몸이 손과 다른 부분들안에 있겠습니까?
그것은 손과 다른 부분들과 분리되어 있지 않습니다.
그렇다면 도대체 어떻게 그것을 찾을 수 있습니까?

'나'는 있는 것(존재)이 아니라
변하는 것(과정)일 뿐이다.
모든 게 끊임없이 변하는데
무엇을 '나'라고 할 수 있는가?

83

그러므로 몸은 실제로 존재하지 않습니다.
미혹으로 말미암아 우리는 손과 다른 부분들과 관련해서
그들의 특정한 모습 때문에 몸이 있다고 생각합니다,
기둥을 보고 그것이 사람이라고 생각하듯이.

어제의 '나'
오늘의 '나'
내일의 '나'
모두 다른 '나'

84

조건들이 모여 있는 한
그 기둥은 사람처럼 보입니다.
마찬가지로, 손과 다른 부분들이 있는 한
몸이 그것들 안에서 계속해서 보입니다.

85

마찬가지로, 발가락이 모여 발을 이루는데
어느 것이 발이라고 할 수 있습니까?
마찬가지로, 관절들이 모여 발가락을 이루는데
어느 관절을 발가락이라 할 수 있습니까?

86

신체의 부분들도 나누어 원자까지 내려갈 수 있고,
원자도 방향에 따라 나눌 수 있으며,
방향에는 부분이 없으므로 나누면 공간이 남습니다.
그러므로 원자는 존재하지 않습니다.

물질도 실체가 없고
의식도 실체가 없고,

87

이렇게 분석해보면, 모든 형상은 꿈과 같은데
어떤 사람이 어떤 형상을 보고 기뻐하겠습니까?
그리고 몸이 실제로 존재하지 않는다면
무슨 여자나 남자가 존재하겠습니까?

고통도 공하고
기쁨도 공하네.

88

만일 고통이 실제로 존재한다면, 어째서 그것은
사람들이 기쁠 때에 그들을 괴롭히지 않습니까?
만일 맛있는 음식 같은 것이 즐거움이라면, 어째서 그것은
슬픔에 빠져있는 사람에게 즐거움을 주지 않습니까?

89

(반론) 괴로울 때 즐거움을 경험할 수 없는 것은
괴로운 느낌이 즐거운 것을 억누르기 때문입니다.
(중관) 경험할 수 없는 느낌을 어떻게
느낌이라 부를 수 있습니까?

기쁨과 슬픔을 하나로
느끼니 얼마나 행복한가!
— 밀라레파

90

(반론) 강한 즐거운 느낌이 일어날 때
아직도 섬세한 괴로운 느낌이 일어나고 있습니다.
(중관) 만일 섬세한 괴로움이 있다면 무슨 방법으로
강한 즐거운 느낌이 그것을 압도합니까?

상대적인 분별 버리면
모든 게 한맛(一味)

91

만일 괴로운 느낌이 일어나지 않는 것이
즐거운 느낌이 일어났기 때문이라면
'느낌'이라는 개념은 개념적인 조작에
의해 만들어진 그릇된 개념이 아닐까요?

일반인들은 자신의 생각에 묶여있으나
요기들은 생각으로부터 해방되어 있다.
생각을 멈추는 것이 곧 참된 분석의
결과라고 현인들은 얘기해왔다.
— 찬드라키르티

요기(yogi): 지(止)와 관(觀)의
합일을 이룬 수행자(남자),
여자는 요기니(yogini).

92

그러므로 이런 분석을 하는 것은
그런 그릇된 개념을 고치기 위해서입니다.
왜냐하면 이런 분석과정에서 일어나는 선정이
수행자들의 양식(糧食)이기 때문입니다.

이론이나 개념에 대한 애착은
자신을 혼란에 빠뜨릴 뿐이라네.
— 밀라레파

93

만일 감각 기관과 그 대상이 공간에 의해 분리되어
있는 경우에 어떻게 그 둘이 접촉할 수 있겠습니까?
더구나, 만일 그 둘이 분리되어 있지 않다면 그 둘은
하나인데, 무엇이 무엇과 접촉한단 말입니까?

감각 기관과 그 대상
사이의 만남은 불가능

94

하나의 원자는 다른 원자에 들어갈 수 없습니다. 왜냐하면
그것은 빈 공간이 없고 크기가 다른 것과 같기 때문입니다.
하나가 다른 것에 들어가지 못하면 그것들은 결합할 수
없고, 결합하지 않으면 접촉할 수 없습니다.

원자와 원자의
만남도 불가능

95

도대체 어떻게 부분들이 없는
두 개체가 만날 수 있겠습니까?
이것이 가능하다면
증명해 보세요.

부분들이 없는 것
(더 이상 나눌 수 없는 것)은
면적이나 크기가 없으므로
존재하지 않는다.

96

의식은 물질적인 성질을 갖고 있지 않으므로
의식과 형상은 접촉할 수 없습니다.
더구나, 앞에서 살펴보았듯이, 합성물도 실제로
존재하지 않으므로 이것과의 접촉도 불가능합니다.

의식과 물질의
만남도 불가능

97

접촉이 실제로 존재하지 않는다면 접촉으로부터
일어나는 느낌도 실제로 존재하지 않습니다.
그러니 어째서 즐거운 느낌을 얻으려고 애씁니까?
무엇이 누굴 괴롭힐 수 있겠습니까?

98

실제로 존재하는 느낌이 없고,
그것을 경험할 사람이 없다면,
이런 사실을 깨달은 뒤에도
어째서 탐욕을 버리지 않습니까?

세세생생 쌓여온 우리들의
무명의 어둠이 너무 짙고
번뇌의 습기가 너무 강해
해탈의 길은 멀고 머네!

99

시각과 촉각은 꿈과 같고
환영과 같습니다.
느낌은 마음과 동시에 일어나므로
마음에 의해 인식되지 않습니다.

100

지나간 느낌은 기억은 할 수 있으나 경험할 수는 없습니다.
앞으로 일어날 느낌은 아직 일어나지 않아서 경험할 수
없습니다. 그래서 느낌은 자신을 경험할 수 없고, 실제로
존재하는 어떤 다른 의식도 그것을 경험할 수 없습니다.

실제로 존재하는 것은
다른 어떤 것과도
관계를 맺을 수 없다.

101

그리하여, 느낌의 경험자가 실제로 존재하지
않고, 느낌 자체도 실제로 존재하지 않는데,
어떻게 이 자아 없는 오온의 집합체가
해를 입을 수 있겠습니까?

오온의 집합체 = 사람

102

마음은 감각 기관에도 없고,
형상과 다른 감각의 대상에도 없으며,
그들 사이에도 없습니다. 마음은 내부와
외부, 다른 어느 곳에도 보이지 않습니다.

마음의 공(空)을 깨닫지
못하는 사람은 악의 영향
으로부터 벗어날 수 없네.
— 밀라레파

103

몸 안에도 그 밖의 어느 곳에도 없고,
가운데에 섞여 있지도 않고, 어디에도 따로
떨어져 있지도 않는 것은 아무것도 아닙니다.
그러므로 중생들은 본래 해방되어 있습니다.

104

만일 의식이 의식의 대상에 앞서 일어난다면
무엇에 의존하여 그것은 일어납니까?
만일 의식이 의식의 대상과 동시에 일어난다면 ,
무엇에 의존하여 그것은 일어납니까?

의식이 대상 이전에 일어난다면
무엇이 의식을 일으키는가?
둘이 동시에 일어난다면
서로 상대의 원인이 될 수 없다.

105

만일 의식이 의식의 대상 뒤에 일어난다면,
그것은 무엇으로부터 일어납니까?
이런 식으로 따져보면
의식도 존재하지 않는다는 것이 증명됩니다.

만일 의식이 대상의 자극이
그친 뒤에 일어난다면
그 대상은 그 의식의
직접적이고 유일한
원인은 아니다.

106

(반론) 그렇다면 세속적인 진리도 존재하지
않게 되고, 세속적인 진리가 없으면 궁극적인
진리도 확립될 수 없습니다. 그렇다면 어떻게
중생들이 해탈할 수 있다고 주장할 수 있습니까?

중생들의 세계는
고통과 기쁨이
공존하는
이원적인 세계

107

(중관) 세속적인 진리는 중생들의 생각일 뿐이지
그것은 열반한 이들의 세속적인 진리가 아닙니다.
열반 후에도 생각이 일어나면 그건 세속적인 것입니다.
그렇지 않으면, 세속적인 진리는 그쳤습니다.

부처님들의 세계는
안락만이 존재하는
통합적인 세계

108

분석과 분석할 대상은
서로 의존하고, 합의를 기반으로
모든 분석은 사람들이 일반적으로
이해하는 용어로 표현됩니다.

109

(반론) 그러나 분석의 과정이
또 분석의 대상이 되면,
이 분석도 마찬가지로 분석될 수 있으므로
분석은 끝이 없는 과정입니다.

110

(중관) 모든 것이 실제로 존재하지 않는다는 것을
분석하는 마음이 깨달으면 그 마음의 존재도 부정
됩니다. 주체와 대상 모두 존재하지 않는 이 상태를
'자연 상태의 열반'이라고 부릅니다.

오랫동안 공(空)에 대해
명상하면 실제상태의
열반에 도달한답니다.

111

의식과 대상이 실제로 존재한다고 주장하는
사람들은 자기들의 주장을 유지하기 어렵습니다.
만일 의식이 대상의 존재를 보여준다면
무엇이 의식의 존재를 보여줍니까?

모든 것이 공(空)하니
공도 공하네!

112

만일 대상이 의식의 존재를 보여준다면
무엇이 대상의 존재를 보여줍니까?
만일 양쪽이 서로 의존해서 존재한다면
둘 다 실제로 존재할 수 없습니다.

다른 것에 의존하는 것은
실체(實體)나 자성(自性)이
없다.

113

(반론) 아버지가 없다면,
어떻게 아들이 있을 수 있습니까?
(중관) 아들이 없으면 아버지도 없듯이
의식과 의식의 대상도 존재하지 않습니다.

114

(반론) 새싹이 씨로부터 나온다는 것은
씨가 존재한다는 것을 보여주듯이,
의식이 대상으로부터 일어난다는 것은
대상이 존재한다는 것을 보여주지 않습니까?

어디든지 이 지혜바라밀
가르침이 있는 곳에
내가 거기 있노라.
— 부처님

115

(중관) 씨가 존재한다는 것은 새싹과 같지 않은
다른 의식이 추론해 낼 수 있으나,
대상의 존재를 보여주는 의식이 존재한다는 것을
무엇이 보여주겠습니까?

116

대부분의 현상들은 원인들로부터 일어난다는 것을
일반인들까지도 분명히 알 수 있습니다.
예를 들어, 연꽃의 줄기와 같은 다른 부분들은
다른 원인들로부터 일어납니다.

117

(반론) 무엇이 다른 원인들을 만듭니까?

(중관) 선행(先行)하는 다른 원인들입니다.

(반론) 어떻게 원인이 결과를 낳습니까?

(중관) 원인 속에 잠재하는 힘 때문입니다.

118

(외도) 이쉬바라(Ishvara)가 만물의 창조자입니다.

(중관) 그러면 이쉬바라(Ishvara)가 누구인지 설명
해보세요. 만일 그가 오대 원소라면 그렇게 부르지
구태여 애써 이쉬바라(Ishvara)라고 부릅니까?

오대(五大)원소 :
지(地), 수(水),
화(火), 풍(風), 공(空)

119

더구나, 흙과 그 밖의 요소들은 하나가 아니고,

무상하고, 스스로 움직일 수 없고, 신성(神性)도 없으며,

우리는 그 위를 밟을 수 있고, 그들은 불결합니다.

그들은 그대들이 주장하는 그런 신(神)이 아닙니다.

만물의 창조자가
실제로 있을까요?

120

공간은 신(神)이 아닙니다, 자력으로 움직이지 않으니까요.

그것은 자아도 아닙니다, 자아는 존재하지 않음이 증명

되었습니다. 만일 그 창조자가 알 수 없는 존재라면

그에 관해 얘기하는 것이 무슨 의미가 있습니까?

121

(중관) 그가 창조하길 원하는 것은 무엇입니까?

(외도) 그는 세계와 중생, 자신의 후속 연속체를 만듭니다.

(중관) 그는 영원하므로

그런 것들을 만들어 낼 수 없습니다.

영원한 것은 변할
수 없으므로
아무것도 할 수 없다.

122

고통과 행복은 행동의 결과입니다.

그렇다면 그가 무엇을 창조한단 말입니까?

더구나, 어떤 것의 원인에게 시작이 없다면

결과에도 시작이 없을 것입니다.

행동 = 업(業)

123

 그가 다른 어떤 것에도 의존하지 않는다면

어째서 그는 계속해서 창조하지 않습니까?

그에 의해 창조되지 않은 것이 아무것도 없다면

도대체 그는 무엇에 의존합니까?

124

만일 그가 여러 가지 조건에 의존하고 있다면

또 다시 그는 신(神)이 아닙니다.

조건들이 있을 때에 창조하지 않을 힘도,

없을 때에 창조할 힘도 그에게는 없을 테니까요.

모든 것은 조건 따라
일어났다 사라질 뿐이니
스스로를 만들어낼 수
있는 것은 아무것도 없다.

125

만일 그가 창조하길 바라지 않고도 창조한다면
그는 자신이 아닌 다른 어떤 것의 지배 밑에 있습니다.
그가 창조하고 싶어 한다면 그는 욕망의 지배 밑에
있습니다. 도대체 이런 창조자가 어떻게 전능하겠습니까?

우주의 창조자도
없고

126

세계는 영원한 부분 없는 입자에 의해
창조된다는 주장은 이미 반박 받았습니다.
그대들 상캬파의 주장에 의하면
영원한 일반원칙(원질)이 세계를 창조합니다.

창조하는 물질도
없다!

*부분 없는(partless)=더 이상
나눌 수 없는(indivisible)

127

우주의 구성 요소들인 '즐거움,' '고통,' '즐겁지도
괴롭지도 않은 느낌'이 균형상태에 있는 것이
원질(原質)이라 하는데, 우주가 발생하는 것은
이들이 균형을 잃을 때라고 합니다.

상캬파의 주장에 의하면
영원하고 변하지 않는
자아를 제외하고 모든 것은
원질에 의해 창조된다.

128

하나의 개체가 세 가지 다른 성질을 갖고 있을 수 없습니다,
그러므로 그것은 존재할 수 없습니다.
그 개별적인 요소들 역시 존재할 수 없습니다,
그들 역시 각각 세 가지 성질들로 이루어질 테니까요.

129

더구나 그 성질들이 없으면, 소리와 그 밖의
감각의 대상들의 존재도 가능하지 않습니다.
게다가, 천과 같이 의식이 없는 것들은 즐거움
같은 느낌을 갖고 있다고 말할 수 없습니다.

소리도 공(호),
메아리도 공!
모두 지나가는
바람일 뿐이네!

130

물질적인 대상이 그러한 감각의 원인이라면, 그런
대상은 존재하지 않는다는 것이 이미 밝혀지지
않았습니까? 더구나, 그대들의 주장에 의하면 원인은
즐거움과 같은 것이고, 물질적인 대상이 아닙니다.

131

즐거움 같은 느낌이 천 같은 것들로부터
나온다면 그런 것들이 없으면 즐거움 같은
느낌도 없을 것입니다. 더군다나, 즐거움
같은 느낌은 결코 영원한 것이 아닙니다.

132

만일 즐거움 같은 느낌이 실제로 존재한다면
어째서 그것은 항상 느껴지지 않습니까?
(반론) 그것은 섬세하게 됩니다.
(중관) 어떻게 그것이 거칠면서 섬세할 수 있습니까?

실제로 존재하는 것은
항상 (영원히) 있어야 하는데,
이 세상 어디에도 그런 것은
아무것도 없다.

133

(반론) 그것들이 거친 상태를 버리면 섬세하게 됩니다.

거친 상태와 섬세한 상태는 무상합니다.

(중관) 그렇다면 어째서 그런 식으로

모든 것이 무상하다고 생각하지 않습니까?

134

만일 거친 즐거움이 즐거움 자체와 다르지 않다면

분명히 즐거움과 (따라서) 원질은 영원하지 않습니다.

그대의 주장에 의하면

결과는 원인과 동시에 존재하지 않습니다.

135

그렇다면 그대는, 의도와는 달리, 전에 존재하지

않던 것이 새로 발생한다는 것을 받아들이는

것입니다. 결과가 원인 속에 존재한다면

음식을 먹는 것은 똥을 먹는 것과 같습니다.

존재하는 것은 이미 존재하기
때문에 발생하지 않고,
존재하지 않는 것은 존재하지
않기 때문에 발생하지 않네.
- 나가르주나

136

그리고 목화씨를 천 가격으로 사서

옷으로 입는 것과 마찬가지가 될 것입니다.

보통 사람들이 이것을 알지 못하는 것은

무지 때문이라고 그대가 주장한다면,

모든 걸 안다는 그대들의 스승은 알고 있겠군요.

137

아무튼, 보통 사람들까지도 그것을 알고 있습니다.

어떻게 그들이 그것을 모르겠습니까?

보통 사람들의 앎에는 타당성이 없다고 그대가 주장한다면

그들의 눈에 분명히 보이는 것도 타당하지 않을 것입니다.

138

(반론) 그러나 만일 그들의 앎에 타당성이 없다면

그들에 의해 확립된 모든 지식도 타당하지 않을 것입니다.

그대들이 주장하는 공(空)도 타당하지 않은 것이므로

공에 대한 명상도 아무 의미가 없게 됩니다.

139

(중관) 존재하는 것으로 잘못 생각하는 어떤 것을 이해하지 못하면

그것이 존재하지 않는다는 것도 이해할 수 없습니다.

왜냐하면 어떤 것이 잘못된 것이면,

그것의 비존재도 분명히 잘못된 것이기 때문입니다.

140

예를 들어, 꿈에 아들이 죽었을 때

"그가 존재하지 않는다."는 생각이

그의 존재에 대한 생각이 일어나는 것을 막는데,

그것 역시 그릇된 생각입니다.

141

이런 분석을 통해 알 수 있듯이,

아무것도 원인 없이 존재하지 않으며,

아무것도 원인 속에 존재하지 않습니다,

개별적인 원인이든 복합적인 원인이든.

142

아무것도 어떤 다른 것으로부터 나오지 않고,

아무것도 남아있지도 떠나지도 않습니다.

바보들이 실제라고 믿는 것과

환영이 어떻게 다르겠습니까?

143

여기에 대해 생각해 보세요: 무엇이 환영에 의해

만들어지고, 무엇이 원인들에 의해 만들어집니까?

그들은 각각 어디서 와서

어디로 갑니까?

144

비쳐진 그림자와 같이 만들어진 어떤 것이

어떻게 실제로 존재할 수 있겠습니까?

그것은 어떤 다른 것이 있을 때만 보이고,

없을 때에는 보이지 않는데요.

145

만일 어떤 것이 실제로 존재한다면,
그것을 만들 원인이 무슨 필요가 있겠습니까?
그리고 만일 어떤 것이 존재하지 않는다면,
또한, 원인이 무슨 필요가 있겠습니까?

146

백천만 가지 원인이 있더라도
비존재를 존재로 바꿀 수는 없을 것입니다.
만일 그것이 비존재로 남아있다면
어떻게 그것이 존재가 될 수 있겠습니까?

147

아무 존재도 없다면
언제 존재가 일어날 수 있겠습니까?
존재가 일어나지 않는 한
비존재 자체가 사라지지 않을 테니까요.

공에 대해 명상하면
초월적 지혜의
공덕을 쌓는다.

148

그리고 만일 비존재가 사라지지 않으면
존재가 일어날 가능성이 없습니다.
존재하는 것은 비존재가 될 수 없기 때문입니다.
그렇게 된다면 한 개체가 두 가지 서로 용납하지 않는
성질을 갖게 되는 모순이 일어나니까요.

149

그리하여 발생하는 것이 없으므로
소멸하는 것도 없습니다.
그러므로 중생들은 실제로
태어나지도 죽지도 않습니다.

공의 지혜로 보면
어떤 발생이나 소멸,
어떤 존재도 없다,
영원한 정적 외에.

150

중생들은 꿈속의 대상 같아
실체가 없는 무지개와 같습니다.
아무것도 실제로 존재하는 것이 없으므로,
열반과 윤회도 차이가 없습니다.

저기 건너가야 할 열반도 없고
여기 버려야 할 윤회도 없다네.
진실로 자신의 마음을 아는 게
스스로 부처가 되는 거라네.
— 밀라레파

151

모든 것이 이렇게 공(空)한데, 얻을 것이
무엇이 있고, 잃을 것이 무엇이 있겠습니까?
누가 있어 나를 칭찬하고,
누가 있어 나를 비판하랴?

외로움이 두려워 친구를 구했더니
내가 얻은 친구는
영원한 공의 기쁨이니
나 이제 외로움 두렵지 않네.
— 밀라레파

152

무엇으로 행복이나 불행이 나올 수 있겠습니까?
무엇을 좋아하고, 무엇을 싫어할 수 있겠습니까?
궁극적인 진리로 비춰 볼 때, 누가 있어
탐을 내고, 무엇이 있어 탐내겠습니까?

처음부터 마음은 한번도
존재한 적이 없다는 것을
깨닫는 사람은 삼세의
부처님들의 마음을 깨닫는다.
— 사라하(Saraha)

153

이렇게 분석해 볼 때 누가 이 세상에 살고,
누가 실제로 죽겠습니까? 누가 앞으로
태어나고, 누가 지금까지 태어났습니까?
누가 친척이고, 누가 누구의 친구인가요?

허공의 공(空)을 체득했더니
삼라만상이 나와 하나 되었네.
— 밀라레파

154

나 자신과 같은 이들이여, 깨달으소서.
모든 것은 허공과 같다(공하다)는 것을.
이것은 윤회의 뿌리를 자를 가장 예리한 칼이요,
깨달음으로 이르는 가장 중요한 길입니다.

누구나 타고난 빛나는
공한 마음을 깨달으면
부처가 된다네.
— 밀라레파

155

사람들은 모두 행복을 바라지만
대부분의 시간을 고통 속에서 보냅니다.
자신의 욕망을 채우려고 남들과 싸우고
해치며 온갖 악행을 저지르기 때문입니다.

정견(바른 견해)은 공(空)의 지혜요,
수행(修行)은 무집착의 깨달음이며,
정행(正行)은 무욕의 영원한 놀이요,
성취는 티 없이 깨끗한 발가벗음이네.
— 밀라레파

156

때로는 삼선도(三善道)에 다시 태어나서
잠시 일시적인 행복을 누리다가
죽어서는 다시 삼악도(三惡道)에 떨어져서
오랫동안 고통을 겪습니다.

157

이 세상에는 고통으로 이르는 함정들이 많이 있어,
해탈로 이르는 공(空)의 길을 찾지 못하고,
우리는 존재에 대한 집착으로 묶여 있습니다.
윤회의 세계에 있는 동안 공의 길을 찾지 못하면

모든 형상이 환영일 뿐임을 깨달아
나는 아집(我執)이란
질병에서 벗어나 윤회의
주객(主客)이란 족쇄도 잘라 버리고
불변의 법신(法身)인
붓다의 영역에 이르네.
— 밀라레파

158

우리는 계속해서 끝없는 고통을 겪게 되는데
그 고통은 너무도 견딜 수 없어 비교조차
할 수 없습니다. 거기에서는 힘도 부족하고,
수명 또한 짧습니다.

어느 날 난 깨달았네,
환영 같은 '나'가
환영 같은 '나'를
괴롭힌다는 것을!

159

모든 활동은 삶과 건강,
굶주림과 피로를 덜기 위한 것이고,
시간은 수면, 온갖 사고와 부상, 어리석은
이들과의 쓸데없는 교제로 소모됩니다.

160

그리하여 인생은 빠르게 의미 없이 지나가고,
공(空)을 깨닫기는 너무 어려우니,
이런 상태에서 번뇌로 말미암아 마음이
흩어지는 것을 막을 방도가 어디에 있습니까?

161

더구나, 악한 세력들이 악도에 던져 넣으려고
끊임없이 애를 쓰고 있고,
우리들을 잘못 인도할 그릇된 길은 많아
의심은 극복하기 어렵습니다.

162

그리고 불법을 수행할 여가는 다시 얻기 어렵고,
깨달은 스승님들을 만나기는 더욱 어려우며,
번뇌의 홍수 막기 어려우니,
아, 이 무슨 고통의 연속인가요?

나는 가장 가치 있는 사람이라네,
인간으로 태어난 귀중한 기회를
가장 잘 이용하는 일에
종사하고 있으니까.
— 밀라레파

163

오, 가엾어라! 이토록 지독한
고통의 홍수에 표류하면서도
자기들 자신의 비참한 처지를
깨닫지 못하고 있으니!

이 고통을 이용하여 정신적인
성장을 증진시키지 못한다면
어떻게 모든 슬픔과 맹목적인
투쟁을 극복할 수 있으랴?
— 밀라레파

164

예를 들어, 어떤 고행자들은 찬 물 속에
들어갔다가 나와서 자신을 불로
태우고 또 태워 큰 고통을 겪지만
자신들은 행복하다고 자랑스럽게 주장합니다.

165

사람들은 이렇게 살면서 자기들이
늙거나 죽지 않을 것처럼 생각하지만
염라대왕에게 잡혀 무서운 고통을 받고
견딜 수 없는 악도의 고통 속으로 던져집니다.

166

나의 공덕의 구름으로부터
줄줄 쏟아지는 행복의 비로
모든 중생들을 괴롭히는
저 고통의 불길이 꺼지게 하옵소서!

한순간 동안 공에 대해 명상하는 것이
열 겁 동안 지혜바라밀에 관한 가르침을
다른 중생들에게 설명해주는 것보다
훨씬 더 많은 공덕을 얻는다고 합니다.

167

그리고 부지런히 공덕을 쌓고
공(空)을 깨달은 지혜를 갖춰
아집 때문에 고통 받는 모든 중생들에게
제가 공을 가르치게 하옵소서!

내게 가장 소중한 레충파야.
관념을 버리고, 모든 걸 포괄하는
공을 깨닫고, 이원성을 멸하라.
이것이 나의 마지막 유언이니라.
— 밀라레파

배고픈 사람이 음식 이름만으로
만족할 수 없고 음식을 먹어야 하듯
공을 이해하려면
그것의 정의를 알기보다
명상으로 그것을 체험해야 한다네.
— 밀라레파

10

회향(廻向)

dedication

이 세상이 남아있고
중생들이 남아있는 한
저도 계속 남아 이 세상의
모든 고통을 몰아내게 하옵소서!

팔길상 ― 불교의 여덟 가지 길한 상징

1

제가 보살의 수행법에 대한
이 책을 지어
쌓은 공덕으로 모든 중생들이
부처님이 되시는 길을 밟으소서!

이 위대한 가르침을
저희들에게 전해주신
모든 불보살님들과
스승님들께 감사드립니다.

2

어디에서나 몸과 마음이
고통 받는 이들이 모두
저의 공덕의 힘으로
한없는 기쁨과 행복을 얻으소서!

3

그들이 윤회 속에 남아있는 한
그들의 금생의 행복이 줄지 않고
종국에 가서는 모두
부처님의 영원한 행복을 누리소서!

4

이 세상 어디에서든지
지옥의 고통을 겪고 있는
몸을 가진 이들이 모두
서방정토의 기쁨을 누리소서!

서방정토(西方淨土) = 아미타바
부처님이 다스리는 극락세계
아미타바 진언 :
"옴 아미타바 흐리"
"옴 아미타바 흐리"
"옴 아미타바 흐리"

5

추위에 떠는 이들은 따뜻함을 얻고,

보살님들의 공덕과 지혜의 구름들로부터

계속해서 시원한 단비가 내려

더위에 시달리는 이들은 시원함을 얻으소서.

6

칼산지옥의 숲은

즐거운 놀이동산으로 바뀌고,

깨진 쇠와 가시로 된 나무들은 모두

소원을 이뤄주는 여의수(如意樹)로 바뀌소서!

우리들 인간으로서는 상상도
할 수 없는 온갖 지옥에서
고통 받고 있는 모든 중생들이
하루 빨리 고통에서 벗어나

7

지옥의 구역들은 즐거운 호수로 바뀌어

크고 향기로운 연꽃으로 장엄되고,

백조와 거위, 물새들의

아름다운 노래로 울려 퍼지소서!

그 동안 한번도
맛본 적 없는
온갖 기쁨을 맛보며
오래오래 행복하소서!

8

불타는 석탄더미는 보석더미로 바뀌고,

벌겋게 뜨거운 대지는 시원한 수정바닥으로,

어마어마한 지옥의 산들은 천상의 궁전이 되어

많은 부처님들이 머무소서!

9

쏟아지는 불타는 석탄, 용암, 칼들이
이제 꽃비로 바뀌어
무기로 하던 모든 싸움이 이제부턴
꽃을 주고받는 놀이가 되소서!

10

불 같은 염산(鹽酸) 급류 속에 빠져
살이 떨어져나가 백합같이 흰 뼈가 드러난
이들이 천신과 같은 몸을 받아
평화로운 냇물에서 여신들과 노니소서!

11

염라대왕의 옥졸과 까마귀, 독수리들은   금강수 보살님=바즈라파니
갑자기 두려움 속에서 지켜보게 하시고,
빛나는 금강수 보살님의 모습을 보면서 모두가
악업에서 벗어나 보살님과 함께 떠나게 하소서!

12

연꽃 비가 향기로운 물과 함께 떨어져서   연꽃을 드신 분(파드마파니)
끊임없이 불타는 지옥의 불이 꺼지고,   = 관세음 보살님
지옥중생들이 갑자기 기쁨으로 힘을 얻어   "옴 마니 반메 훔"
홍련화(紅蓮花)를 드신 보살님을 보게 하소서!   "옴 마니 반메 훔"
                                            "옴 마니 반메 훔"

13

친구들이여, 두려움을 버리고 빨리 오세요!
빛나는 머리카락을 묶어 올리신 이 젊은 자비로우신
보살님께서는 모든 중생들을 구해 주시고 보호해 주시며
모든 고통을 덜어주시고 기쁨은 높여 주신답니다.

14

이 분의 찬란한 거처는 천 명의 여신들의 찬양이 울려 퍼지고,
그의 연화좌 앞엔 수백의 신들이 공경의 표시로 왕관을
내려놓고, 머리 위엔 꽃비가 떨어지며, 눈은 자비로 젖어있는
문수사리 보살님을 보고, 지옥중생들이여, 기뻐하소서!

문수사리 보살 진언 :
"옴 아 라 파 차 나 디"
"옴 아 라 파 차 나 디"
"옴 아 라 파 차 나 디"

15

그리고 저의 선근(善根)으로, 즐거운 구름들이
시원하고 향기로운 비를 내려 보현 보살님을 비롯한
여러 보살님들에 의해 모든 중생들의 장애가 씻겨져
그들이 모두 최고의 안락을 누리게 하소서!

16

잡아먹힐까봐 움츠리고 떨고 있는
모든 동물들이 두려움에서 해방되고,
굶주린 귀신들은 북구로주의 주민들처럼,
행복해지소서!

북구로주(Uttarakuru) :
흔히 영원한
행복의 나라로
불리는 곳

17

관세음 보살님의 자비로운 손에서
흘러나오는 젖줄기로 아귀들이
굶주린 배를 채우고 목욕하며
항상 상쾌해지소서!

자비(慈悲)의 진언:
"옴 마니 반메 훔"
"옴 마니 반메 훔"
"옴 마니 반메 훔"

18

앞 못 보는 이들이 앞을 보고,
소리를 못 듣는 이들이 소리를 듣고,
출산이 가까운 여인들이 마야데비처럼
고통 없이 분만하게 하소서!

자비 진언은
불법의 핵심,
가장 청정한
불법입니다.

19

옷이 없는 이들은 옷을 얻고,
굶주린 이들은 배불리 먹고,
목마른 이들은 마시게 하소서,
깨끗하고 감미로운 마실 것을!

자비 진언을 암송하면
일곱 세대의 후손들이
악도에 태어나지
않는다고 합니다.

20

가난한 이들은 재물을 얻고,
슬픔에 젖어있는 이들은 기쁨을,
절망에 빠져있는 이들은
희망을 되찾게 하소서!

21

병을 앓는 이들이 모두
즉각 모든 질병에서 벗어나고,
중생들을 괴롭히는 모든 질병들이
즉시 모두 사라지게 하소서!

약사여래 진언 :
"타야타 옴 바이사지에
바이사지에 마하 바이사지에
라자 삼우드가테 스바하"

22

두려움에 떠는 이들은 두려움에서
벗어나고, 갇혀있는 이들은 풀려나고,
힘이 없는 이들은 힘을 얻고,
모든 이들이 서로서로 도우소서!

"옴 마니 반메 훔"
"옴 마니 반메 훔"
"옴 마니 반메 훔"

23

길 떠나는 이들은
어딜 가나 행복하고
고생하지 않고도
여행목적을 이루소서!

24

배를 타고 여행하는 이들은
목적지에 안전하게 도착하고,
무사히 돌아와 친척 친구들과
재회의 기쁨을 나누소서!

25

길을 잃고 헤매며 괴로워하는 이들이
함께 여행하던 이들과 다시 만나고,
도둑들, 맹수들 두려움 없이
고생하지 않고 편안하게 여행하소서!

26

길이 없는 벌판에서
어쩔 줄 모르는 아이들과 노인들,
정신이 온전치 않은 이들이
선량한 천신(天神)들의 보호를 받으소서!

27

여가가 없는 이들은 여가를 얻고,
지혜와 신심과 자비심을 갖고,
바른 생업에 종사하며
살아있는 동안 항상 깨어있으소서!

28

누구나 허공처럼
무한한 재물을 갖고,
마음대로 즐기면서 남들을
해치거나 미워하지 마소서!

29

기품(氣品)이 없는 이들은
기품으로 빛나고
고생으로 몸이 상한 이들은
아름다운 몸을 갖게 하옵소서!

30

모든 중생들이 어디서나
원하는 성(性)으로 다시 태어나고,
지위가 낮은 이들은 높은 자리에 오르고,
그래도 전혀 오만하지 않기를!

31

그리하여 제가 쌓은 공덕으로
모든 중생들이 빠짐없이
모든 악행을 버리고
항상 선행만 하소서!

32

언제나 보리심과 헤어지지 말고
항상 보살님들의 길을 걸으며
부처님들의 가호를 받아
마군의 행(行)을 버리소서!

33

모든 중생들이 빠짐없이
무량한 장수를 누리며
언제나 행복하게 살면서
'죽음'이란 말조차 듣지 않길!

무량수불(아미타유스) 진언 :
"옴 아마라니 지반타예 사바하"
"옴 아마라니 지반타예 사바하"
"옴 아마라니 지반타예 사바하"

34

이 세상 모든 곳이
여의수(如意樹) 정원으로 바뀌어
부처님, 보살님들의 감미로운
가르침의 소리로 울려 퍼지소서!

35

온 대지가 청정하고,
큰 돌이나 절벽 없이
손바닥처럼 평평하고
청금석(靑金石)처럼 부드럽길!

36

그리고 수많은 제자들을 위해
수많은 보살님들이 출현하시어
이 세상의 모든 곳을 온갖
빛으로 아름답게 장엄하소서!

37

새들로부터 나무에 이르기까지
햇빛으로부터 하늘 끝에 이르기까지
모든 중생들이 하나도 빠짐없이
끊임없이 부처님의 가르침의 소릴 듣길!

38

그들이 부처님과 부처님들의
후예이신 보살님들을 만나
구름같이 많은 공양을 올리면서
세상의 스승 부처님을 경배하길!

39

천신이 때 맞춰 비를 내려
언제나 수확이 풍성하고,
통치자들은 법에 따라 통치하여
온 세상이 번영을 누리길!

40

모든 약은 영험하고,
진언을 외우면 질병이 치유되고,
사람 잡아먹는 귀신들은
자비심으로 가득하길!

약사여래 진언 :
"타야타 옴 바이사지에
바이사지에 마하 바이사지에
라자 삼우드가테 사바하"

41

아무도 육체적인 고통이나
정신적인 고통을 겪지 않고,
아무도 두려워하거나
모욕당하지 않게 하소서!

42

절에서는 경 읽는 소리,
염불소리 울려 퍼지고,
승가는 화합하여
목적을 모두 이루길!

43

수행하길 원하는 비구들은
조용한 곳에 머물면서
모든 산란한 생각을 버리고
선정(禪定)에 들 수 있기를!

44

비구니들은 필요한 것을 모두 공급받아
말다툼이나 말썽을 부리지 않고,
계(戒)를 받은 이들은 모두
청정하게 계(戒)를 지키며 어기지 않길!

45

계율(戒律)을 어겼을 때는 참회(懺悔)하여
죄업을 정화하도록 항상 노력하고,
그리하여 선도에 다시 태어나서
중단 없이 수행을 계속하길!

46

현명하고 유식한 이들이
언제나 공양을 받아 살아가며
마음이 청정하여 명성이
널리 멀리 퍼져나가소서!

47

중생들이 악도의 고통을 겪지 않고
힘들게 수행하지 않고
신(神)들보다 더 좋은 몸을 얻어
빨리 부처님의 경지에 오르게 하소서!

48

모든 중생들이 모두 부처님들께
공양을 올리고 또 올려서
한없는 부처님들의 안락으로
항상 행복을 누리소서!

49

이제 모든 보살님들은
중생들을 위해 높은 서원(誓願)을 이루시고
모든 중생들은
부처님들께서 의도하시는 복을 누리소서!

50

그리고 모든 연각(緣覺)과
성문(聲聞)들도
이제 최고의
안락을 얻으소서!

연각 : 홀로 깨달은 사람
= 독각(獨覺)
성문 : 아공(我空)을
깨달은 소승 수행자

51

저도 문수사리 보살님의 축복으로
환희지(歡喜地)에 올라
모든 내생(來生) 동안
출가 수행자의 길을 가게 하옵소서!

환희지= 보살초지

52

항상 검소하게 살며 검소하게 먹고
모든 내생(來生) 동안 고요한 곳에
머물면서 제 수행의 목표를 이룰
이상적인 조건을 얻게 하옵소서!

53

언제든지 뵙고 싶거나
조그만 의문이라도 있을 때는
저의 보호자이신 문수사리 보살님을
장애(障碍) 없이 친견(親見)토록 하옵소서!

54

하늘 끝까지 시방(十方)에 거주하는
모든 중생들의 요구를 들어주기 위해
제가 모든 행동에서
문수 보살님처럼 훌륭하게 성취하게 하옵소서!

55

이 세상이 남아있고
중생들이 남아있는 한,
저도 계속 남아
이 세상의 모든 고통을 몰아내게 하옵소서!

56

모든 중생들의 고통이
완전히 저에게서 익고, 그들이
보살님들과 함께 함으로써
모두 모두 행복하소서!

57

고통의 유일한 치료제요,
모든 안락과 행복의 원천인
부처님의 가르침이 존중받으면서
오래 오래 이 세상에 남아있으소서!

58

자비롭게도 제가 좋은 뜻을 펴도록
인도하여 주신 문수 보살님께 절을 올립니다.
제가 성장할 수 있는 영감을 주신
저의 선지식들께도 절을 올립니다.

나에게 행복을 가르쳐준 책

거의 반세기라는 긴 세월 동안 제가 영어를 읽어오면서 만난 책 중에서 유일하게 우리말로 옮기고 싶었던 책이 바로 이 책입니다. 너무도 귀한 책이기에 만나는 데에 그만큼 오랜 시간이 필요 했나봅니다. 제가 이 책을 이토록 소중하게 여기는 것은 이것이 처음으로 진정한 행복으로 가는 길을 제게 가르쳐주었기 때문입니다.

"사람들은 불행에서 벗어나기를 바라면서도
불행의 원인들을 향해 달려가고,
행복을 바라면서도 무지하기 때문에
행복의 원인들을 원수처럼 물리칩니다." (1장 28)

불행의 원인들을 향해 달려가는 사람들이 어떻게 불행에서 벗어날 수 있겠습니까? 행복의 원인들을 물리치는 사람들이 어떻게 행복을 얻을 수 있겠습니까? 불행의 원인들을 제거해나가면서 동시에 행복의 원인들을 길러나가는 것, 이것이 지혜로운 이들이 행복으로 가는 길입니다.

"오랜 세월 동안 깊은 명상을 통해
부처님들께서 모두 보셨듯이
보리심만이 무수한 중생들을 최고의 행복으로
이끄는 최선의 방법입니다." (1장 7)

모든 중생을 어머니로 여기고 그들을 고통의 바다에서 건져 최고의 안락
으로 인도해 드리기 위해 가장 큰 깨달음을 얻겠다는 마음, 이 허공처럼
넓고 자비로운 마음이 바로 보리심입니다. 그리고 이런 마음을 일으키는
것(발보리심)이 최고의 행복으로 가는 첫걸음입니다.

"이 순간부터 깨달음의 정수에 이를 때까지
부처님께 귀의합니다.
그리고 부처님의 가르침과 보살님들의 모임(승가)에
귀의합니다. (2장 26)

부처님들은 모든 세계의 모든 좋은 에너지가 모여 있는 무한한 공덕의 바다
입니다. 이 공덕의 바다에 우리들 자신의 좋은 말과 뜻과 행동으로 공덕을
보태나가는 것이 우리들의 행복을 증가시키는 것입니다. 이 바다는 우리들
의 행복의 원천이기 때문입니다.

"단 한순간의 악행으로도
한 겁 동안 무간지옥에 머물게 된다는데
무시이래 악행을 지어온 이들이

어떻게 선도(좋은 곳)에 태어날 수 있겠습니까?" (4장 21)

"그리고 번뇌로 말미암아 그 밖에
제가 지은 모든 악업을
구원자들이신 모든 부처님들과 보살님들께
오늘 고백하고 참회합니다." (2장 31)

나쁜 말과 생각과 행동, 모든 나쁜 에너지는 불행의 원인입니다. 이런 것이 우리 곁에 남아있는 한 우리는 참된 행복을 누릴 수 없습니다. 고의로든 무지로든 악행을 저지른 뒤에 우리가 할 수 있는 최선의 행동은 가능한 한 빨리 참회하여 그 나쁜 에너지를 좋은 에너지로 바꾸는 것입니다.

"제가 무엇을 하든지간에
결코 남들에게 해가 되지 말고
누구든지 저를 만날 때마다
이득을 얻게 되소서!" (3장 15)

"어디에서나 몸과 마음이
고통 받는 이들이 모두
저의 공덕의 힘으로
한없는 기쁨과 행복을 얻으소서!" (10장 2)

이런 듣기만 해도 마음이 따뜻해지는 기도와 축복의 에너지로 넘치는 사람

마음속에 어떻게 나쁜 것이 들어갈 수 있을까요? 이 세상의 모든 고통을 몰아내고 기쁨으로 채우려는 사람보다 더 행복한 사람이 어디에 있을까요?

"그러나 마음의 코끼리를 억념(憶念)이란
밧줄로 단단히 매어 놓으면
모든 두려움이 사라지고
모든 선업이 우리들의 손에 들어옵니다." (5장 3)

오늘날처럼 도처에 온갖 유혹으로 넘치는 세계에서는 마음을 다스리는 일은 무엇보다도 중요합니다. 놀라운 속도로 늘어나는 각종 범죄와 비만 등을 생각해 보세요. 자동차들이 미친 듯이 달리는 도로에서 잠시 방심했던 순간을 생각해 보세요. 이제 마음을 지키고 다스리는 일은 우리들의 생명 자체를 지키는 문제가 되었습니다. 살아있을 때는 물론 죽을 때도 우리는 잠시도 방심하지 말고 마음을 지켜야 합니다. 그래야 나쁜 곳으로 떨어지지 않고 좋은 곳에 다시 태어날 수 있기 때문입니다.

"보시와 부처님들께 올리는 공양 등을 통해
수 천 겁 동안 쌓아온
모든 공덕이 단 한순간의 분노로
파괴될 수 있습니다." (6장 1)

분노는 어떤 결과를 가져올지 모르는 가장 무서운 나쁜 에너지입니다.
그러나 걱정하지 마세요. 여기 좋은 처방이 있습니다.

"모든 범죄와 악행은
조건 때문에 일어나고
아무것도 원인 없이
일어나는 것은 없습니다." (6장 25)

이런 걸 알고도 화를 낼 수 있을까요?

"어떤 이는 무지하여 잘못을 저지르고
어떤 이는 무지하여 화를 내는데,
이들 중 누구의 행동이 허물이 없고
누구의 행동이 허물이 있다고 하겠습니까?" (6장 67)

그러니까 우리들의 모든 고통의 최종적인 원인은 우리들의 무지입니다.

"이 세상의 모든 행복은
남들의 행복을 바라는 데서 오고,
이 세상의 모든 불행은
자기 자신의 행복을 바라는 데서 오네." (8장 129)

자기 자신을 먼저 생각하는 근시안적인 어리석은 사람은 수많은 남들에게
해를 끼쳐 결국은 자기 자신도 해를 입겠지만, 남들을 먼저 생각하는 큰
안목을 가진 지혜로운 사람은 결국 자기 자신도 이득을 봅니다. 이기주의는
자멸과 공멸로 가는 길이고, 이타주의는 자생과 공생으로 가는 길입니다.

"나 자신과 같은 이들이여, 깨달으소서,

모든 것은 허공과 같다는 것을.

이것은 윤회의 뿌리를 자를 가장 예리한 칼이요,

깨달음으로 이르는 가장 중요한 길입니다." (9장 154)

이 세상에서 우리들을 괴롭히는 것들, 모든 나쁜 것들, 죽음까지도 일격에
날려버릴 수 있는 무기가 있으니, 이것은 공(空)이란 무기입니다. 우리들의
눈이나 마음 앞에 나타나는 모든 것들은 실체가 없는 허깨비와 같다는 것
입니다. 괴로울 때는 물론 즐거울 때도 공을 생각하십시오. 그러면 그대는
모든 것으로부터 벗어나 영원한 자유와 안락의 세계로 들어갈 수 있습니다.
반야심경이나 금강경에서 잡기 어려웠던 공이 이 책 9장에서는 쉽게
잡힐 것입니다.

샨티데바('평화의 신', 687-763)는 전해내려 오는 얘기에 의하면 서인도의
한 왕국에서 태자로 태어나, 왕위에 오르기 전날 밤 꿈에 받은 문수보살님의
충고에 따라 왕국을 버리고 수행자의 길을 가게 되었다고 합니다. 그는
이전에도 꿈속에서 문수보살님으로부터 여러 가지 가르침을 받았습니다.
어느 날 숲 속에서 명상하던 중에 문수보살님으로부터 나무로 만든 상징적인
검을 하나 받고 여덟 가지 완전한 깨달음을 얻었답니다.

그가 이 책을 쓴 것은 날란다(Nalanda) 승려대학 재학 중이었는데, 밤에
비밀리에 금강승을 수행하여 놀라운 신통력까지 얻었습니다. 자신의 수행을
위해 지은 이 책을 전교생 앞에서 암송하여 제9장의 "모든 것은 허공과 같

다(공하다)"는 곳에 이르자 점점 높이 하늘로 솟아오르더니 그의 모습은 사라지고 목소리만 남아 암송을 끝까지 계속했다고 합니다. 그 후 대학을 떠나 여기저기 돌아다니며 보살행을 하면서 금강승의 무상요가 탄트라(anuttarayoga tantra) 수행으로 마침내 한 생애 동안에 성불했다고 합니다.

완전한 깨달음을 얻기 전까지는 우리들의 지식은 불완전한 것입니다. 이 무지 때문에 제가 이 책에서 저도 모르게 저지른 잘못이 있다면 (제9장의 내용에 대해서는 사람들의 의견이 일치하지 않는 곳이 많음) 독자들의 양해와 용서를 구하면서 참회하고 이들 잘못까지도 깨달음의 계기가 되길 기원합니다.

"옴 바즈라사트바 훔"(108번)
아찰라 김영로

참고문헌

샨티데바의 보살수행 (Bodhisattvacharyavatara) 혹은 이를 줄인
보리수행 (Bodhicharyavatara)이 한글대장경에서는 『보리행경』으로,
그리고 최근에는 『입보리행론』으로 번역되어 사람들에게 알려져 있습니다.

달라이라마의 깨달음에 이르는 길, 하얀 연꽃, 2005

샨티데바 저, 청전 역, **입보리행론**, 하얀 연꽃, 2005

Bercholz, Samuel and Kohn, Sherab Chödzin ed. *The Buddha and His Teachings*.
  Shambhala Publications, 2003

Chang Garma C. C. trans. *The Hundred Thousand Songs of Milarepa*. Shambhala
  Publications, 1999

Chödrön, Pema. *No Time to Lose : A Timely Guide to the Way of the Bodhisattva*.
  Shambhala Publications, 2005

Crosby, Kate, and Andrew Skilton, trans. *The Bodhicharyavatara*. Oxford Univer-
  sity Press, 1998

Elliot, Neil, trans. *Guide to the Bodhisattva's Way of Life*. Tharpa Publications, 2002

Geshe Kelsang Gyatso, *Meaningful to Behold*. Tharpa Publications, 2003

Padmakara Translation Group, trans. *The Way of the Bodhisattva*. Shambhala
   Publications, 1997

Wallace, Vesna A., and B. Alan Wallace, trans. *A Guide to the Bodhisattva Way of Life*.
   Snow Lion Publications, 1997

샨티데바
행복수업

2007년 2월 15일 초판 1쇄 발행
2024년 12월 18일 초판 11쇄 발행

지은이 샨티데바 • 옮긴이 김영로
발행인 박상근(至弘) • 편집인 류지호 • 편집이사 양동민
편집 김재호, 양민호, 김소영, 최호승, 하다해, 정유리 • 디자인 쿠담디자인
제작 김명환 • 마케팅 김대현, 이선호, 류지수 • 관리 윤정안
콘텐츠국 유권준, 김대우, 김희준
펴낸 곳 불광출판사 (03169) 서울시 종로구 사직로10길 17 인왕빌딩 301호
　　　대표전화 02) 420-3200 편집부 02) 420-3300 팩시밀리 02) 420-3400
　　　출판등록 제300-2009-130호(1979. 10. 10.)

ISBN 89-7479-540-× (03220)

값 16,000원